Introducción a la literatura infantil y juvenil

Isabel Schon
Centro para el Estudio de Libros Infantiles
y Juveniles en Español,
California State University, San Marcos,
San Marcos, California, USA

Sarah Corona Berkin
Universidad Autónoma Metropolitana,
Unidad Xochimilco, México

INTERNATIONAL READING ASSOCIATION
800 Barksdale Road, PO Box 8139
Newark, Delaware 19714–8139, USA

IRA BOARD OF DIRECTORS
Richard T. Vacca, Kent State University, Kent, Ohio, *President* • John J. Pikulski, University of Delaware, Newark, Delaware, *President-Elect* • Kathryn A. Ransom, Illinois State University, Springfield, Illinois, *Vice President* • Richard L. Allington, University at Albany–SUNY, Albany, New York • James F. Baumann, National Reading Research Center, University of Georgia, Athens, Georgia • John Elkins, University of Queensland, St. Lucia, Queensland, Australia • Yetta M. Goodman, University of Arizona, Tucson, Arizona • James V. Hoffman, The University of Texas–Austin, Austin, Texas • Kathleen Stumpf Jongsma, Northern Independent School District, San Antonio, Texas • John W. Logan, Northbrook School District 27, Northbrook, Illinois • Lesley M. Morrow, Rutgers University, New Brunswick, New Jersey • Barbara J. Walker, Montana State University–Billings, Billings, Montana • Alan E. Farstrup, Executive Director

The International Reading Association attempts, through its publications, to provide a forum for a wide spectrum of opinions on reading. This policy permits divergent viewpoints without implying the endorsement of the Association.

Director of Publications   Joan M. Irwin
Assistant Director of Publications   Wendy Lapham Russ
Senior Editor   Christian A. Kempers
Associate Editor   Matthew W. Baker
Assistant Editor   Janet S. Parrack
Editorial Assistant   Cynthia C. Sawaya
Production Department Manager   Iona Sauscermen
Graphic Design Coordinator   Boni Nash
Design Consultant   Larry F. Husfelt
Desktop Publishing Supervisor   Wendy A. Mazur
Desktop Publisher   Anette Schütz-Ruff
Desktop Publisher   Cheryl J. Strum
Production Services Editor   David K. Roberts

Cover Illustration   Barbara Tidman

Copyright 1996 by the International Reading Association, Inc.
All rights reserved. No part of this publication may be reproduced or transmitted in any form or by any means, electronic or mechanical, including photocopy, or any informational storage and retrieval system, without permission from the publisher.

Library of Congress Cataloging in Publication Data
   Introducción a la literatura infantil y juvenil/Isabel Schon, Sarah Corona Berkin.
      p.   cm.
   Includes bibliographical references. (p.   ) and index.
   1. Children's literature–History and criticism.   2. Children's literature–History and criticism–Bibliography.   3. Children's literature–Bibliography   4. Children's literature, Spanish–History and criticism.   5. Children's literature, Spanish–History and criticism–Bibliography.   6. Children's literature, Spanish–Bibliography.
I. Corona Berkin, Sarah.   II. Title.
PN1009.A1S349   1996   96-8426
809'.89282–dc20
ISBN 0-87207-144-8

Indice

Introducción — 1

Capitulo

1 La literatura ¿Qué significa? — 4
   Recomendaciones
   Tema de discusión

2 El personaje y la trama — 9
   El personaje
   La trama
   Recomendaciones
   Tema de discusión
   Actividades
   Bibliografía

3 El tema y el entorno — 22
   El tema
   El entorno
   Recomendaciones
   Tema de discusión
   Actividades
   Bibliografía

4 El punto de vista, el estilo y el tono — 32
   El punto de vista
   El estilo
   El tono
   Sonoridad
   Recomendaciones
   Tema de discusión
   Actividad
   Bibliografía

5	**El libro ilustrado**	43
	Recomendaciones	
	Tema de discusión	
	Actividades	
	Bibliografía	
6	**La literatura tradicional**	61
	La fábula	
	Los mitos	
	Leyendas	
	Recomendaciones	
	Tema de discusión	
	Actividades	
	Bibliografía	
7	**La fantasía**	71
	Cuentos de hadas	
	Ciencia ficción	
	Recomendaciones	
	Tema de discusión	
	Actividades	
	Bibliografía	
8	**La poesía**	82
	Recomendaciones	
	Tema de discusión	
	Actividades	
	Bibliografía	
9	**El realismo**	91
	Ficción por fórmula	
	Novela rosa	
	Misterio y terror	
	Características literarias	
	Realismo animal	
	Novela deportiva	
	Recomendaciones	
	Tema de discusión	
	Actividades	
	Bibliografía	

10 La novela histórica 101
Recomendaciones
Tema de discusión
Actividades
Bibliografía

11 Las traducciones 107
Recomendaciones
Tema de discusión
Actividades
Bibliografía

12 El libro de conocimientos 118
Biografía
Recomendaciones
Tema de discusión
Actividades
Bibliografía

Bibliografía para los adultos 147

Índice de autores 150

Índice de obras 159

Índice de sujetos 172

Introducción

Este libro tiene como propósito hacer de la literatura infantil/juvenil una experiencia amena, vital e interesante para los lectores de todas las edades. Se ha escrito con la esperanza de que los adultos, cuyo trabajo se desempeña con los lectores jóvenes, descubran y compartan el encanto de los libros y ayuden a los jóvenes a desarrollar, por el resto de su vida, el aprecio por la literatura y el respeto por nuestra herencia cultural y nuestra lengua. Esperamos que nuestro propio amor por la literatura y nuestro entusiasmo por los libros logren trasmitirse al lector del presente texto.

El objetivo esencial de este libro es lograr que los niños y los adolescentes adquieran el hábito y el gusto por la lectura, lo cual lleva implícito el desarrollo de una actitud crítica ante el hecho literario. Sin embargo, ello es imposible de realizar si insistimos en ofrecer a los lectores infantiles y juveniles libros aburridos, casi siempre didácticos, o libros que fastidian a los jóvenes con propósitos moralizadores. Los libros deben ser fuentes de placer; nunca deben emplearse para reformar actitudes o ideas que algunos adultos consideran "inadecuadas". Estos libros solamente alejan a los jóvenes del placer de la lectura.

Una de las preocupaciones fundamentales en la preparación de este libro fue la selección entre miles de libros disponibles. Una de las autoras leyó más de diez mil libros. Los libros seleccionados se escogieron por su calidad literaria y por el posible atractivo para el lector. Aproximadamente el 80 por ciento de los libros incluidos en cada capítulo ha sido publicados en los últimos tres años. Unos cuantos libros de edición agotada también fueron incorporados, ya que la mayoría de estos títulos poseen todas las cualidades de las novelas bien escritas: honestidad, integridad e imaginación. El sentimiento de asombro y satisfacción queda realizado aún más por sus personajes memorables, el retrato auténtico de la vida, el excelente estilo literario, su impacto emotivo y otras características de los destacados libros para los lectores jóvenes. Además, su popularidad entre los lectores jóvenes atestiguan su calidad permanente.

Hemos incluido desde los libros ilustrados, bellamente impresos, que junto a la capacidad creativa de los escritores e ilustradores ofrecen a los niños más pequeños un sin número de oportunidades para la reflexión, hasta los libros para los adolescentes a quienes hay que proporcionarles la oportunidad de conocer una gran variedad de géneros y temas. Las buenas novelas realistas para adolescentes afrontan los problemas contemporáneos de la juventud con honradez y comprensión. Afortunadamente ya se encuentran disponibles para lectores jóvenes en español una gran variedad de novelas populares y profundas. En cada capítulo se construye un modelo basado en características literarias y artísticas que el lector puede entonces emplear para evaluar y seleccionar libros por sí mismo.

La búsqueda del libro exactamente adecuado para un niño o adolescente de habla castellana en particular y para una etapa particular de su desarrollo nunca termina. Libros maravillosos, como muchos de los incluidos en éste, definitivamente harán que nuestro trabajo sea más gratificante y satisfactorio.

Tema de discusión

En cada capítulo se identifican temas importantes que se relacionan con el género o el contenido del capítulo y que han sido diseñados para introducir al profesor, al bibliotecario y al padre o la madre de familia a las preocupaciones actuales. La mayoría de estos temas se han escrito para alentar la reflexión en el lector, así como para profundizar en la investigación.

Ayudas para la instrucción

Cada capítulo incluye recomendaciones y sugerencias de actividades diseñadas para inducir la comprensión y la apreciación del género, tanto en el adulto, como en el niño o adolescente.

Bibliografías

Las bibliografías amplias incluyen capacidad de lectura por el nivel de lectura de cada libro.

1 La literatura ¿Qué significa?

La noción de literatura tal como la comprendemos actualmente data del siglo XVIII. Por obra literaria designamos hoy a la creación artística expresada en palabras que se diferencia de los conocimientos especializados, los trabajos científicos y técnicos. La especificidad de la literatura se define en los límites de la gratuidad. Es literatura toda obra que no es útil, que es un fin en sí mismo, que satisface necesidades no pragmáticas; en otras palabras, se puede decir que llena un espacio de juego.

El juego no es lo que se opone al trabajo, ni a lo serio, ni a la obligación, sino que es la reconciliación entre el placer individual y la ley social, entre la libertad y la norma. La historia del ser humano es la tarea perpetua de mantener separadas y a la vez interrelacionadas su existencia interna (sentimientos propios, deseos y pasiones) y su realidad externa (reglas morales, legales, sociales). Admitir la realidad es aún más difícil para el joven, quien debe desarrollar su capacidad de adaptación, pero la tarea de aceptar las imposiciones externas nunca termina; el ser humano jamás se encuentra libre de la tensión de vincular su realidad subjetiva con la realidad del mundo social.

Ante esta paradoja, el hombre también ha defendido una experiencia intermedia a la cual aportan elementos ambas realidades, la exterior y la interior. Consideramos a la obra literaria como juego cuando nos hace sentir vivos en un mundo que nos exige adaptación y sumisión al sistema en el que vivimos. Es de esta zona de la que des   .os hablar.

Los espacios literarios son precisamente experiencias intermedias que reunen ambos mundos y ofrecen descanso para ese ser que vive en constante lucha entre "lo que deseo" y "lo que debo hacer". En la vida de los jóvenes, como en la de los adultos, la literatura es muestra de infinitos mundos internos puestos al servicio de realidades externas. Cuando el libro brinda oportunidades para las experiencias informes y para los impulsos creadores que constituyen la materia del juego, leer se vuelve un juego de niños.

Nos referimos al libro que requiere que su lectura sea casi opuesta a la lectura escolar, impregnada de explicaciones coherentes, lógicas, comprobables y que demanda a su vez una respuesta determinada. El modo de empleo de éstos pareciera definitivo y, en ese sentido, autoritario.

Nuestras lecturas literarias no esperan respuestas fijas, se abren a múltiples apropiaciones. El niño, como el adulto, cuando lee, elige partes del texto con más intensidad, avanza rápidamente en algunos momentos, se detiene o salta en otros. Cada lector lee su libro a su manera, y ésta le evoca distintos sueños y recuerdos. Y ésto se debe a que la literatura instituye en la red de reglas lingüísticas, en el lenguaje en su sentido plano, mil otras posibles significaciones, mil definiciones heterogéneas que no coinciden necesariamente con el diccionario. La literatura infantil y juvenil no es para aprender formas adecuadas de leer, sino para el propio placer y deleite del lector.

La literatura tiene la característica de volver activo a su lector quien debe descifrar el texto, reconstruirlo, y volverse selectivo porque elige por sí mismo y para sí mismo. Esta mecánica no es otra que la del pensamiento. El niño y el jóven, para conocer, deben aprender a separar, recortar, omitir, subrayar, abstraer. La literatura facilita el tránsito entre la percepción indiscriminada del mundo y la experiencia de su entorno en su compleja composición.

A la obra literaria, en oposición a la que no lo es, se regresa, porque tiene la cualidad de ofrecer sentimientos y respuestas que no habíamos encontrado antes. Esto se debe a que la literatura no solamente describe, sino organiza nuestro mundo. Podemos regresar en diferentes ocasiones y extraer de ella orden para distintos aspectos de nuestra vida. Así podemos decir que la literatura se usa estética y no prácticamente, que no ofrece instrucciones para actuar sino claves para comprender nuestra existencia.

La obra literaria nos ofrece la oportunidad de identificarnos con sus personajes y sus peripecias a la vez que nos proteje y nos permite disfrutarla. Nuestros sentimientos así encuentran permiso, son aceptables por más monstruosos que parezcan y se encuentran bajo control y con orden. A través de la literatura esos sentimientos, formas primitivas de la existencia humana que no podemos evitar, pueden llegar a domesticarse para finalmente no temerles y aprender a vivir en paz con ellos. Sus contenidos son invitaciones a espacios afectivos, poco cotizados en un mundo orientado por la moral de la producción y el consumo. Los libros con los que se puede jugar son aquellos que hablan a los sentimientos irracionales, a los deseos, a las pulsiones y a las pasiones. Son libros que hablan al corazón de su lector y lo interpelan como héroe de la acción.

Es la configuración de la obra literaria lo que garantiza lo anterior. Su estrategia consiste en aumentar y resaltar un acontecimiento y al mismo tiempo reducirlo a una acción central. De esta forma logra enfocar nuestra atención sobre aquello que es esencial y simultáneamente nos permite aclarar el evento.

Ahora bien, si la lectura intensifica la vivencia, nuestra ansiedad se controla y las emociones no llegan a proporciones perturbadoras. La literatura estimula nuestra vida por que la objetiviza y permite que se exterioricen nuestros deseos, miedos y conflictos internos en un marco de seguridad. Podemos proyectarnos en personajes ajenos, amarlos y criticarlos, verlos de cerca pero a una distancia segura y en control de ellos.

Además de favorecer la elaboración lenta de nuestra realidad interna, la literatura nos facilita el reencuentro con el mundo externo ya que es portadora de información, pero situada en una dimensión humana. En las páginas del libro conocemos el mundo que nos rodea y nos descubrimos a nosotros mismos; en otras palabras, nos asimilamos a la cultura de una forma placentera. Podemos concluir que la literatura facilita el verdadero conocimiento de uno mismo, de los otros y del mundo.

Por esta razón no podemos menos que tener la esperanza de que el niño y el joven entren en contacto con el mundo de los libros de tal forma que la familiaridad con ellos no cese jamás. Sin embargo, la iniciación afectiva con el libro muchas veces se encuentra limitada precisamente por aquellos adultos que son los intermediarios entre el joven y el libro. La selección recomendada por éstos no se conforma siempre con los intereses o necesidades de los jóvenes. Estos profesores o bibliotecarios desconfían de las selecciones hechas por los mismos niños y jóvenes y en consecuencia rechazan deliberadamente aquello que surje de sus propias preferencias.

Nos topamos también con profesores y bibliotecarios, que no tienen siempre un conocimiento suficiente de la literatura ni de los jóvenes lectores. De allí que no ofrezcan obras que reflejen los intereses y las preferencias de los niños. En otras ocasiones los adultos se sienten obligados a cumplir metas específicas relacionadas con la escuela y dejan de lado la oportunidad de descubrir el placer de leer.

Recomendaciones:

1. Enseñar el arte de leer.
   Permita que el niño registre, identifique y comunique el mundo que le rodea así como sus propios sentimientos. De pequeño ayúdelo a adquirir todos los conocimientos posibles a través de las pláticas, los paseos, la expresión de lo que le gusta o le molesta. Esto le facilitará comprender el discurso literario. A los mayores, anímelos a percibir las señales y a decifrar los mensajes del mundo social en el que viven. De esta forma se les simplificará comprender la literatura.

2. Conocer la literatura infantil/juvenil.
   Conozca una amplia gama de libros para que así pueda recomendar libros a sus alumnos. Reduzca la práctica metódica de la lectura homogénea y aliente al joven a una lectura más libre. No imponga un sólo tipo de libros.

3. Conocer al niño/joven.
   Llegue a conocer los hábitos de lectura de sus alumnos, descubra los libros que ya conocen y mantenga una relación de sus lecturas. No objete a la selección de libros que haga el propio niño o joven, y aproveche el entusiasmo infantil/juvenil para

ampliar sus intereses en la lectura. Ofrézcale otros géneros y tópicos literarios.

4. Discutir los libros.
En lugar de solicitar de sus alumnos resúmenes o reseñas, permítales formar grupos y discutir sus reacciones a lo que leyeron. Asi estimulará la expresión espontánea en lugar de los comentarios estereotipados del trabajo escolar. Con el intercambio de experiencias el niño/joven además tendrá la oportunidad de escuchar otras experiencias y de esta manera reacomodar sus pensamientos o los de los demás. Aliente al alumno a expresarse, no busque inculcarle sus opiniones personales.

5. Estimular el ejercicio de la imaginación.
Estimule al alumno a conocer el universo de la creación literaria y sus aportes al mundo en que vivimos. Aliente al niño/joven a que responda a través del arte, el teatro, las pláticas. Haga preguntas abiertas, como ¿Qué te hacen sentir estas ilustraciones? ¿En qué piensas cuando contemplas estas imágenes? ¿Qué te gustaría hacer después de haber leído este poema?, etc.

6. Actuar con el ejemplo.
De un buen ejemplo a sus alumnos leyendo libros, revistas, periódicos. Comente con ellos sus descubrimientos, sus hábitos de lectura, etc. Proponga un espacio de lectura libre donde todos (usted también) puedan leer sin interrupciones.

7. Resaltar la vida afectiva y estética de los alumnos.
Promueva, con el hábito de la lectura, que sus alumnos se vuelvan más exigentes en la selección, no únicamente de sus libros, sino también de sus placeres en general: tipos de juegos, de gustos televisivos, de pláticas, etc.

Tema de discusión:

1. ¿Tienen responsabilidades las editoriales en la publicación de libros infantiles/juveniles? ¿Cuáles serían éstas?
2. ¿Cómo se transforma la obra literaria cuando pasa a la radio, el cine o la televisión?

2 El personaje y la trama

El personaje

Entre las constantes de la literatura infantil está el personaje. La palabra "personaje" viene del latín "per": a través de y "sonare": sonar. El autor tiene el privilegio de construir seres vivos que "dicen" cosas y tiene la responsabilidad de que sean creíbles.

Ahora bien, existen diferentes tipos de personajes según su importancia. Si es menos perceptible su participación, puede ser secundario y puede representar una sóla clase o personificar un principio como la generosidad, el valor, la maternidad, etc.

El "protagonista" será el personaje que se encuentra más cercano al conflicto y será mayor nuestra necesidad de conocer su personalidad. La importancia de los "protagonistas" es que no son meros instrumentos técnicos que el autor utiliza para resolver enigmas, sino que, además de solucionar situaciones especiales, tienen existencia y cualidades propias que les permiten convertir el éxito de la empresa en logro personal.

En la vida real los niños y los jóvenes se relacionan con, e identifican la personalidad de los demás de formas distintas: de su aspecto físico, de su tono de voz, de sus opiniones, etc. En la literatura sucede de forma similar. Las acciones que llevan a cabo los personajes, lo que dicen, su apariencia física, los comentarios que otros personajes o el autor hacen de él, además del recurso que el autor tiene de decir lo que piensa el personaje, aportan a la construcción de la obra literaria.

Los personajes pueden tener diferentes funciones y distintos niveles de importancia, pero todos deben ser verosímiles. A diferencia de "verdaderos", que podría significar reales, ser verosímil exige una relación entre la acción y el personaje. En otras palabras, no es suficiente que el personaje surja de la realidad, sino que su personalidad debe provocar o ser consecuente con la acción y, a su vez, que la naturaleza de sus acciones demuestren su personalidad.

Esta interrelación presenta un personaje que podrá crecer, transformarse, entrar en una aventura y salir transformado. El autor debe conocer bien la personalidad y el alma del personaje para que resulte creíble la combinación. Un libro que no desarrolle esta relación defraudará a su lector.

Ahora bien, revisemos las características del estereotipo. Éste es un personaje que no tiene personalidad propia y únicamente representa un principio. Este personaje recoge ciertos rasgos que lo identifican fácilmente con un grupo social conocido: el maestro, la mamá, la suegra, etc. Los estereotipos, dentro del relato, pueden tener una función positiva. Esto sucede cuando pasan a ser personajes secundarios que decoran el entorno, sitúan mejor al lector, y ayudan al desarrollo de la acción. Como éstos reaccionan tal como espera el lector pueden ser una manera económica de tener otros participantes en el cuento.

Pero el estereotipo que está muy poco desarrollado se mueve sobre la superficie de la acción. De allí que aportará muy poco a la riqueza de la obra, al conocimiento de los otros y de sí mismo. Por ello, el joven lector que no tiene acceso a otro tipo de personajes, no enriquecerá en la lectura su percepción del mundo que lo rodea.

En resumen, existen los personajes "redondos", que llegamos a conocer bien y en quienes creemos, y los "estereotipos", que pueden tener una función complementaria en la narración. En cuanto a los cambios que pueden sufrir los personajes encontramos a los personajes dinámicos, que son aquellos que se transforman durante la acción, y los personajes estáticos, cuya personalidad no varía en el transcurso del cuento.

Cuando existe relación entre el personaje y la acción, ambos pueden resultar afectados. Se le llama "personaje dinámico" a aquel que en el transcurso del relato demuestra nuevas adquisiciones en su personalidad. Es importante subrayar que no es únicamente el paso del tiempo lo que impone cambios en el protagonista, sino el impacto

El personaje y la trama 11

de la acción. A diferencia de las series televisivas y las caricaturas, donde semana a semana o diariamente, según sea la programación, los personajes entran y salen de una aventura distinta–igual a las anteriores sin sufrir modificaciones, en las obras literarias los personajes dinámicos aprenden de la acción, se transforman y crecen.

Los personajes estáticos son aquellos que no cambian en el transcurso de la historia ya que el conflicto no afecta su personalidad. Generalmente estos son personajes secundarios. Ahora bien, no es necesario que todas las obras tengan un personaje dinámico. No todos los personajes redondos cambian y tampoco hay reglas en cuanto al equilibrio entre los personajes principales y secundarios. Demasiados personajes desarrollados pueden distraer y confundir al joven lector.

El desarrollo y manejo del personaje cobra especial importancia en el proceso de maduración del niño y del adolescente. Ante el egocentrismo propio de la temprana edad el comportamiento del niño se guía exclusivamente por su mundo interior, por lo que él desea, sin mirar otras alternativas o puntos de vista. El proceso de maduración acompañado por personajes de la literatura puede facilitar el descubrimiento de un mundo externo en el cual se puede vivir en acuerdo con el mundo interno y subjetivo.

Al hablar de personajes de la literatura infantil nos vemos obligados a mencionar los personajes de los cuentos de hadas, los personajes animales y los héroes.

Los personajes de los cuentos de hadas no se muestran en gran espesor. Están aquellos que tienen el poder: el rey, la reina, las princesas. Los que trabajan: la gente del pueblo, los campesinos y artesanos. Los que tienen poderes mágicos: buenos y malos, hadas, brujos y duendes. Estos personajes, que a primera vista pueden parecer simples, tienen gran parecido con los personajes que pueblan la imaginación infantil. El lector de estos cuentos ofrece e inviste a los personajes su propio espesor. Los personajes en este caso son motores de una serie de eventos que se llevan a cabo en el cuento. El niño confiere a los personajes sus grandes sueños.

El valor de estos personajes consiste en permitir que el lector tome su lugar y le preste su pasión, sus sentimientos, su personalidad. Con esto no queremos decir que los personajes sean espacios vacíos; ellos poseen atributos, cualidades y valores morales que le dan un especial encanto y valor poético al cuento.

Los animales como personajes de los cuentos para niños también son muy populares. El hablar y comprender a los animales ofrece un gran placer a los niños, quienes tienen, generalmente, una relación especial con ellos. La mascota del niño está siempre disponible, consuela, juega, "responde". Por otro lado, los animales representan un mundo sin socialización: pueden ser flojos, desobedientes, y sucios.

Encontramos libros donde los personajes animales representan familias de osos, lobos o zorros, que pasan de malvados a domesticados o son pícaros y astutos. Hay borreguitos y cabritas que son víctimas inocentes; hipopótamos y cerdos, que tienen la libertad de ensuciarse o excederse. Peces misteriosos, ballenas buenas, insectos malos y buenos. Sin olvidar que estos personajes aportan también humor.

El joven disfruta proyectando sus deseos y temores en ese personaje animal. El animal ofrece al joven un refugio y una compensación a las reglas de un mundo adulto que busca normalizarlo. Pareciera que el animal nos recuerda ese mundo más cercano a la naturaleza que hemos perdido en el camino hacia nuestra civilización.

Estos personajes son especialmente populares con los preescolares, pero desgraciadamente se abusa de este recurso para convertir los mensajes adultos moralizadores en libros infantiles de animales.

Por último está el héroe, quien cobra especial importancia ya que partiendo de él todo tiene sentido, incluso la derrota. En la obra, el héroe bordea constantemente entre la victoria y el fracaso, pero está dispuesto a jugarse el todo por el todo porque aspira a la más grande recompensa: el logro personal. Héroes son los piratas, los detectives, los rebeldes, los genios.

La trama

La trama es muy importante en la literatura infantil. Los jóvenes esperan que los personajes "hagan cosas" y que encuentren a su paso, acción.

Generalmente, los eventos se suceden uno al otro en una secuencia temporal que pertenece al orden narrativo cronológico. Sin embargo, el autor puede usar el recurso narrativo del "flashback". Se utiliza este anglicismo para describir aquella secuencia temporal que es interrumpida para narrar algún acontecimiento del pasado. Este orden narrativo puede confundir a los niños más pequeños. Pero debe-

El personaje y la trama

mos agregar, que en la actualidad también es posible que la televisión, que utiliza a menudo el "flashback" y la alusión a los sueños y a los viajes al futuro y al pasado, etc., facilite a los niños la comprensión y el manejo de estos recursos técnicos.

Podemos hablar de cuatro tipos generales de conflictos. En primer lugar tenemos el conflicto que surge del personaje contra él mismo. Estos son los conflictos internos que mueven al personaje en una u otra dirección. Aquí se manejan temas como indecisión, remordimientos, luchas entre los impulsos y las reglas sociales, etc. Si el conflicto está bien manejado, puede ofrecer una mirada positiva al mundo interno del joven.

El segundo tipo de conflicto es el que se desarrolla entre un personaje y otro. Es común encontrar un protagonista y un antagonista en un conflicto que impulsa toda la acción.

Observamos este tipo de conflicto llevado al extremo en las series y caricaturas de la televisión. En estos casos, la trama se reduce a una persecusión infinita entre los personajes. En la literatura infantil y juvenil también encontramos conflictos que se repiten por su éxito comercial, pero que finalmente aburren al lector. Estos libros, así como los programas de televisión, no tienen personajes redondos y la trama parece casual; por lo tanto, no aportan al conocimiento del hombre y su relación con el mundo.

El tercero se refiere a la lucha del personaje contra la sociedad. Quizá este tipo de conflicto sea mejor comprendido por los adultos. En la literatura infantil/juvenil, la sociedad debe ser representada de forma concreta, por ejemplo, por un personaje, para que el joven lector comprenda el conflicto mejor.

Finalmente, tenemos el personaje contra la naturaleza. La naturaleza es la eterna aliada del hombre, y sin ella la vida no se concibe. Sin embargo, también puede ser peligrosa: puede matar al hombre de hambre, de frío, posee elementos y fenómenos agresivos a la vida, etc. El personaje en estos casos debe luchar contra la naturaleza para sobrevivir.

La trama también tiene ciertos patrones. El terror y el suspenso son favoritos de los jóvenes. El suspenso es lo que obliga al lector a continuar, lo atrapa y lo lleva hasta el final. El cuento debe estar equilibrado, no debe provocar demasiado miedo ya que el susto puede hacer que el joven deje de lado su lectura. Tampoco debe ofrecer demasiadas pistas que permitan entrever el final y destruir así el suspenso.

Otro recurso bien conocido es el "gancho" al final del capítulo. Desgraciadamente la televisión y los libros en serie utilizan el "gancho" de forma obvia y con fines comerciales para no perder a sus consumidores.

El sensacionalismo es un patrón que debe evitarse. El autor debe ofrecer pistas para que el lector disfrute su lectura y se mantenga el suspenso. Las situaciones más violentas pueden ser manejadas con sensibilidad y no perder así su interés. El sensacionalismo surge cuando la narración se concentra en el suspenso y el terror a expensas de la construcción del personaje y su relación con la trama.

Otro elemento a evaluar es el sentimentalismo. Nuestra respuesta a cada situación debe ser legítima. Los medios de comunicación masiva promueven las respuestas emotivas exageradas y superficiales: las películas lacrimógenas, las telenovelas, las producciones de Walt Disney, la discografía comercial, etc. No es posible evaluar de forma mecánica el daño que causan, pero una sobredosis de sentimentalismo no sólo aburre al joven sino que dificulta el desarrollo de su sensibilidad para poder distinguir entre la motivación propia y la manipulación de sus sentimientos.

El joven busca que la narración tenga un fin, que la trama llegue a un desenlace y que lo deje satisfecho. Es por esto que el final del cuento es un componente importante. El fin debe concordar con el principio y estar en armonía con el medio. El cuento que proporciona un verdadero final hace posible la consonancia con el principio y con el medio. La literatura de finales abiertos corresponde mejor al lector adulto; para el niño, una narración inconclusa puede ser frustrante. Más aún, para muchos lectores niños y adultos, uno de los mayores encantos del libro es, precisamente, que tenga un final.

Recomendaciones:

1. Puede proponerse al niño y/o al joven, el análisis de una obra únicamente si ésto aumenta el disfrute de su lectura. En cualquier caso no debe imponerse como tarea el memorizar los nombres de los personajes, los títulos o el autor.

El personaje y la trama

2. No examine al joven lector sobre los contenidos de la obra. Permita que exprese lo que más le cautivó del libro y no lo que "aprendió".

3. Permita que el joven hable del comportamiento y las actitudes de los personajes pero no lo obligue a que extraiga una lección o moraleja de lo que lee.

Tema de discusión:

¿Debería el Estado controlar la literatura infantil/juvenil?

¿Debería aprovecharse la literatura para promover los héroes nacionales?

Actividades:

1. Organizar un juego de "Adivina quién soy" con los distintos personajes de los libros que leyeron.

2. Predecir el final de la historia, justificándolo con la personalidad y las características del personaje.

Bibliografía
El personaje y la trama

Para los más pequeños

Ashforth, Camilla. *La cama de Horacio*. Ilustrado por la autora. Traducido por Andrea B. Bermúdez. Compton, CA: Santillana, 1995. 26p. ISBN: 1-56014-581-1.

Browne, Anthony. *Cambios*. Ilustrado por el autor. Traducido por Carmen Esteva. México: Fondo de Cultura Económica, 1993. 30p. ISBN: 968-16-4270-8.

Butterworth, Nick. *Un día libre ajetreado*. Ilustrado por el autor. Traducido por Paulina Fariza. Barcelona: Ediciones Destino, 1993. 24p. ISBN: 84-233-2335-8.

Delessert, Etienne. *Una larga canción*. Ilustrado por el autor. Traducido por Maria Rabassa. Barcelona: Ediciones B, 1990. 30p. ISBN: 84-406-1081-5.

Duckett, Elizabeth. *No os lo podéis imaginar*. Ilustrado por Chiara Carrer. Barcelona: Ediciones Destino, 1994. 30p. ISBN: 84-233-2384-6.

Hayes, Sarah. *Yo soy el oso*. Ilustrado por Helen Craig. Traducido por Juan Manuel Ibeas. (Fácil de Leer) Madrid: Anaya, 1988. 26p. ISBN: 84-7527-501-9.

Landa, Norbert. *Alex y el amigo perdido*. Ilustrado por Hanne Türk. Traducido por Eladio M.B. de Quirós. Madrid: Editorial Everest, 1994. 30p. ISBN: 84-241-3293-9.

Lobel, Arnold. *Tío Elefante*. Ilustrado por Enric Satue. Traducido por Pablo Lizcano. Madrid: Santillana, 1987. 66p. ISBN: 84-204-3716-6.

McPhail, David. *Mi primer vuelo*. Madrid: Montena, 1988. 32p. ISBN: 84-397-1176-X.

El personaje y la trama 17

Pfister, Marcus. *Destello el dinosaurio*. Ilustrado por el autor. Traducido por José Moreno. New York: Ediciones Norte-Sur, 1995. 32p. ISBN: 1-55858-387-4.

West, Colin. *Regalé a mi amado un gato atigrado*. Ilustrado por Caroline Anstey. Traducido por Juan Manuel Ibeas. (Fácil de Leer) Madrid: Anaya, 1988. 26p. ISBN: 84-7525-503-5.

Wilhelm, Hans. *Yo siempre te querré*. Traducido por Carina Esteve Gomis. Barcelona: Editorial Juventud, 1989. 32p. ISBN: 84-261-2404-6.

Williams, Vera B. *Algo especial para mí*. Traducido por Aída E. Marcuse. New York: Morrow/Mulberry, 1994. 30p. ISBN: 0-688-13802-0.

Para los lectores intermedios

Cuentos de piratas, corsarios y bandidos. Bogotá: Editorial Norma, 1989. 104p. ISBN: 958-04-0831-9.

Babbitt, Natalie. *Cuentos del pobre diablo*. Ilustrado por la autora. Traducido por Felicidad Blanco. New York: Farrar, Straus & Giroux, 1994. 105p. ISBN: 0-374-31769-0.

Babbitt, Natalie. *Tuck para siempre*. Traducido por Narcis Fradera. New York: Farrar, Straus & Giroux, 1991. 142p. ISBN: 0-374-37849-5.

Cleary, Beverly. *Ramona empieza el curso*. Ilustrado por Alan Tiegreen. Traducido por Gabriela Bustelo. Madrid: Espasa-Calpe, 1988. 175p. ISBN: 84-239-2791-1.

Fiedler, Christamaria. *El verano de los animales*. Ilustrado por Siglint Kessler. Traducido del alemán por Mª Dolores Ábalos. Madrid: Santillana, 1994. 155p. ISBN: 84-204-4819-2.

López Narváez, Concha. *Amigo de palo*. Ilustrado por Tino Gatagán. Madrid: Ediciones S.M., 1988. 59p. ISBN: 84-348-2471-X.

Mayne, William. *Una casa en la ciudad*. Ilustrado por Sarah Fox-Davies. (Facil de Leer) Madrid: Anaya, 1988. 26p. ISBN: 84-7525-506-X.

Mayne, William. *Corbie*. Ilustrado por Peter Visscher. (Facil de Leer) Madrid: Anaya, 1988. 26p. ISBN: 84-7525-505-1.

Mayne, William. *Dos renacuajos*. Ilustrado por Barbara Firth. (Facil de Leer) Madrid: Anaya, 1988. 26p. ISBN: 84-7525-504-3.

Niño, Jairo Aníbal. *Dalia y Zazir*. Ilustrado por Alfredo Lleras. Bogotá: Carlos Valencia Editores, 1983. 71p. ISBN: 84-8277-110-6.

Perera, Hilda. *Rana, ranita*. Ilustrado por Vivi Escribá. León: Editorial Everest, 1991. 30p. ISBN: 84-241-3330-7.

Ross, Tony. *Un cuento de hadas*. Ilustrado por el autor. Traducido por Catalina Domínguez. México: Fondo de Cultura Económica, 1993. 28p. ISBN: 968-16-4115-9.

Wardle, Terry. *La suma más difícil del mundo*. Ilustrado por Benoit Jacques. Traducido del inglés por Marla Cristina Espejel. Madrid: Ediciones S.M., 1989. 119p. ISBN: 84348-2573-2.

White, E.B. *Las telarañas de Carlota*. Ilustrado por Garth Williams. Traducido por Guillermo Solana. Barcelona: Editorial Noguer, 1988. 155p. ISBN: 84-279-3388-6.

Williams, Jeff. *Trasto y el mago*. Ilustrado por Chris Riddell. Traducido por Juan Manuel Ibeas. (Fácil de Leer) Madrid: Anaya, 1988. 26p. ISBN: 84-7525-502-7.

Williams, Margery. *El conejo de terciopelo*. Ilustrado por Michael Hague. Traducido por Juan González Alvaro. Madrid: Editorial Everest, 1992. 40p. ISBN: 84-241-3337-4.

Colecciones Temáticas
Serie: Cuentos del Pastor (Mondadori España)

Monteverde, Bernardo. *La amazona de los bosques*. Ilustrado por Francisco Meléndez. (Cuentos del Pastor) Madrid: Mondadori España, 1989. 32p. ISBN: 84-397-1632-X.

Monteverde, Bernardo. *El anillo de Simplicio*. Ilustrado por Francisco Meléndez. (Cuentos del Pastor) Madrid: Mondadori España, 1989. 32p. ISBN: 84-397-1635-4.

Monteverde, Bernardo. *La calabaza de la suerte*. Ilustrado por Francisco Meléndez. (Cuentos del Pastor) Madrid: Mondadori España, 1989. 32p. ISBN: 84-397-1636-2.

Monteverde, Bernardo. *El delfín de oro*. Ilustrado por Francisco Meléndez. (Cuentos del Pastor) Madrid: Mondadori España, 1989. 32p. ISBN: 84-397-1633-8.

Monteverde, Bernardo. *El gigante de la selva*. Ilustrado por Francisco Meléndez. (Cuentos del Pastor) Madrid: Mondadori España, 1989. 32p. ISBN: 84-397-1630-3.

Monteverde, Bernardo. *La hija del minero*. Ilustrado por Francisco Meléndez. (Cuentos del Pastor) Madrid: Mondadori España, 1989. 32p. ISBN: 84-397-1634-6.

Serie: Los Libros de Víctor y Cía (Ediciones S.M.)

Sierra i Fabra, Jordi. *Una boda desmadrada*. (Los Libros de Víctor y Cía) Madrid: Ediciones S.M., 1994. 125p. ISBN: 84-348-4265-3.

Sierra i Fabra, Jordi. *Los mayores están locos, locos, locos*. (Los Libros de Víctor y Cía) Madrid: Ediciones S.M., 1994. 125p. ISBN: 84-348-4264-5.

Sierra i Fabra, Jordi. *Noticias frescas*. (Los Libros de Víctor y Cía) Madrid: Ediciones S.M., 1994. 125p. ISBN: 84-348-4263-7.

Sierra i Fabra, Jordi. *El rockero*. (Los Libros de Víctor y Cía) Madrid: Ediciones S.M., 1994. 125p. ISBN: 84-348-4266-1.

Para los adolescentes

Simbad el marino. México: Fernández Editores, 1988. 156p. ISBN: 968-416-972-8.

Alonso, Manuel L. *El impostor*. Madrid: Grupo Anaya, 1991. 121p. ISBN: 84-207-4158-2.

Anónimo, Cervantes Quevedo. *La picaresca española*. (Clásicos Jóvenes Gaviota) Madrid: Ediciones Gaviota, 1990. 272p. ISBN: 84-392-8259-1.

Bermejo, J.F. *El ídolo de Aruba*. Madrid: Grupo Anaya, S.A., 1991. 166p. ISBN: 84-207-4155-8.

Borges, Jorge Luis y otros. *Cuentos latinoamericanos: Antología*. Bogotá: Editorial Santillana, 1989. 134p. ISBN: 958-24-0061-7.

Burgess, Melvin. *El aullido del lobo*. Traducido por María Isabel Butler de Foley. Madrid: Ediciones S.M., 1994. 152p. ISBN: 84-348-4404-4.

Calvino, Italo. *El príncipe cangrejo*. Ilustrado por Vivi Escriva. Traducido del italiano por Esther Benítez. (Botella al Mar) México: Consejo

Nacional para la Cultura y las Artes, 1991. 308p. ISBN: 968-29-2896-6.

Cañizo, José Antonio del. *Los jíbaros*. Madrid: Alfaguara, 1990. 103p. ISBN: 84-204-4717-X.

Cansino, Eliacer. *Yo, Robinsón Sánchez, habiendo naufragado*. Barcelona: Ediciones Toray, 1992. 159p. ISBN: 84-310-3406-8.

Cazarré, Lourenço. *La espada del general*. Ilustrado por Rafael Barajas. Traducido del Portugés por Mónica Mansour. México: Fondo de Cultura Económica, 1991. 164p. ISBN: 968-16-3661-9.

Cela, Camilo José. *Santa Balbina, 37, gas en cada piso*. Miami: Santillana, 1994. 79p. ISBN: 84-03-60262-6.

Cervantes Saavedra, Miguel de. *El ingenioso hidalgo Don Quijote de la Mancha*, Vol. I. Ilustrado por José Ramón Sánchez. Madrid: Anaya, 1993. 592p. ISBN: 84-207-5671-7.

Cervantes Saavedra, Miguel de. *El ingenioso caballero Don Quijote de la Mancha*, Vol. II. Ilustrado por José Ramón Sánchez. Madrid: Anaya, 1993. 608p. ISBN: 84-207-5672-5.

Chejov, Anton. *La dama del perrito y otros relatos*. Miami: Santillana, 1994. 79p. ISBN: 84-03-60267-7.

Doyle, Arthur Conan. *El tren especial desaparecido y otros relatos*. Miami: Santillana, 1994. 79p. ISBN: 84-03-60255-3.

Echeverría, Eugenia. *La noche que Chillanene salió a vender su alma*. Ilustrado por Fernando Aceves. México: Editorial Grijalbo, 1991. 36p. ISBN: 970-05-0312-7.

Fernández Paz, Agustín. *Cuentos por palabras*. Madrid: Ediciones S.M., 1991. 139p. ISBN: 84-348-3458-8.

Fiances, Carlos. *Jaque a la deuda*. Madrid: Ediciones S.M., 1990. 222p. ISBN: 84-348-2745-X.

Lalana, Fernando. *Morirás en Chafarinas*. Madrid: Ediciones S.M., 1989. 205p. ISBN: 84-348-3080-9.

MacLachlan, Patricia. *Sarah, sencilla y alta*. Traducido por Marta Sansigre Vidal. Barcelona: Editorial Noguer, S.A., 1988. 93p. ISBN: 84-279-3421-1.

Madrid, Juan. *Cuartos oscuros*. Madrid: Ediciones S.M., 1993. 191p. ISBN: 84-348-4079-0.

Martin, Andreu. *No pidas sardina fuera de temporada*. Madrid: Alfaguara, 1988. 178p. ISBN: 84-204-4580-0.

Monterroso, Augusto y otros. *Breve antología de cuentos 3, Latinoamérica y España*. Buenos Aires: Editorial Sudamericana, 1993. 79p. ISBN: 950-07-0821-2.

Pardo Bazán, Emilia. *Un destripador de antaño y otros relatos*. Miami: Santillana, 1994. 79p. ISBN: 84-03-60266-9.

Santis, Pablo de. *Desde el ojo del pez*. Buenos Aires: Editorial Sudamericana, 1991. 96p. ISBN: 950-07-0679-2.

Sierra i Fabra, Jordi. *Jamalají-jamalajá*. Ilustrado por Federico Delicado. Madrid: Ediciones S.M., 1995. 133p. ISBN: 84-348-4652-7.

Stevenson, Robert Louis. *El extraordinario caso del doctor Jekyll y Mr. Hyde*. Miami: Santillana, 1994. 79p. ISBN: 84-03-60257-X.

Treviño, Elizabeth Borton de. *Yo, Juan de Pareja*. Traducido por Enrique R. Treviño Borton. New York: Farrar, Straus & Giroux, 1994. 218p. ISBN: 0-374-38699-4.

Wilde, Oscar. *El crimen de Lord Arthur Savile y otros relatos*. Miami: Santillana, 1994. 79p. ISBN: 84-03-60256-1.

Yourcenar, Marguerite. *Ana, Soror...*. Miami: Santillana, 1994. 79p. ISBN: 84-03-60260-X.

3 El tema y el entorno

El tema

El tema es aquello que existe por tradición propia, aún ajeno a la obra literaria. Así encontramos temas sobre la naturaleza del hombre, la condición humana o sobre la vida en sociedad. Más difíciles de captar, pero de gran riqueza, son los temas en los que la observación y la vivencia personal han proporcionado el tema al autor.

En la literatura se encuentran temas que son "explícitos" y que el autor expone clara y directamente. En la literatura infantil se encuentran generalmente los temas explícitos, ya que muchos autores desean asegurar que el lector no pierda la idea central de su obra.

Los tema "implícitos" son igualmente importantes pues también le dan sentido a la narración. Una obra literaria debe aportar algún tipo de idea o sentimiento que se recordará más allá de la trama, de los personajes, del estilo y del entorno.

Es importante señalar que, cuando el tema se convierte en un mensaje, una moraleja o una clase de buen comportamiento, el cuento o novela se vuelve didáctico y pierde su capacidad de ofrecer elementos que contribuyen a la integración de los mundos interiores infantiles/juveniles que se debaten en el proceso de maduración.

El libro didáctico, o el libro de texto, tiene una función determinada y es utilizado como herramienta de enseñanza en los procesos educativos. La literatura no ofrece la información "que debe" saber un joven, sino aquella que le hace soñar y disfrutar con un placer gratuito. Difícilmente las prédicas permitirán que el joven comprenda algo sobre su mundo interior. Sin embargo, una gran cantidad de los libros que se le ofrecen a los jóvenes son en realidad sermones disfrazados de literatura infantil/juvenil.

El adulto también tiene otras formas de controlar los temas de la literatura infantil/juvenil. Felizmente ya no existen los libros genéricos que discriminaban desde sus portadas, ofreciendo aventuras a los niños y fábulas o cuentos de hadas a las niñas. Pero estas categorías son aún populares. Existen editores que imprimen en sus portadas una indicación de la edad a la que conviene la lectura, limitando así los gustos y los intereses a grupos de edad cada vez más estrechos. Los editores responden así a la precaución de aquellos adultos que temen hacer una compra inútil. ¿Cuántos libros no se compran, como la ropa, para que les "dure" mucho tiempo? Se desconfía sobre todo de los temas demasiado infantiles, pero la presentación gráfica algunas veces engaña, ya que muchos cuentos son de maravillosa lectura más allá de los 7 años. La mayoría de los adultos no conocen bien los intereses de los niños y de los jóvenes y son especialmente arbitrarios en la elección de los libros que compran para ellos. Los temas "maduros" y/o "infantiles" que aporten al conocimiento de sí mismo y de los demás deben ser objeto de la literatura infantil y juvenil. Los libros "a la medida" serán demasiado estrechos para un joven lector que busca abrir las puertas, no al mundo infantil que vive y padece, sino al mundo de la cultura de los hombres.

Los temas dentro de un mismo cuento pueden ser varios e interrelacionados. Los temas principales son los que aparecen con más fuerza durante la lectura y los secundarios son los de menor importancia. Sin embargo, será finalmente el lector quien determinará los temas principales y los secundarios, pudiendo variar entre lector y lector o de una lectura a otra. La riqueza de una obra literaria radica en las múltiples posibilidades que tiene de ofrecer temas distintos en cada lectura.

El entorno

Ahora bien, el tema se desarrolla en un tiempo y en un espacio. A este conjunto de elementos le llamamos entorno o ambiente. Las posibilidades son infinitas: todos los tiempos posibles y los lugares reales e imaginarios pueden ser el escenario de la literatura infantil/juvenil.

Algunas veces los detalles influencian directamente al personaje, al conflicto y al tema. Otras veces, pueden crear el ambiente o la atmósfera para la narración. Por otra parte encontramos ambientes que son menos importantes para la comprensión de la obra que otros.

El lugar y el espacio en una obra escrita en monólogo o en forma de diario puede necesitar menos de una ubicación en el tiempo y el espacio y entonces estos últimos se vuelven elementos para un ambiente de fondo. Si el autor desea que el ambiente sea parte integral de su obra, deberá describir con más detalle el entorno.

El ambiente de fondo puede sugerir ciertos rasgos en la acción o el personaje, pero con este tipo de entorno el lector enfoca más su atención sobre el personaje y/o la acción. El ambiente en estos casos es el lugar donde suceden cosas importantes, aunque no las determinan. Cuando el ambiente es parte integral de la obra, el lugar y el tiempo influencian los personajes, la acción y la trama.

El tiempo es un elemento del entorno que puede ser esencial. Podemos sentir el paso del tiempo a través del crecimiento y la transformación de los personajes, los cambios de estaciones y de clima. El tiempo puede definir el conflicto, puede revelar la personalidad del personaje, e influir en el tema y la trama. El tiempo puede ser el presente, el pasado o el futuro. La expresión "había una vez" es una fijación en el tiempo que marca la acción.

En otros casos debemos conocer el entorno material, la forma en que viven los personajes, para comprender el conflicto. También aquí el ambiente será esencial a la obra. Algunas veces la naturaleza y sus fenómenos juegan el papel de antagonistas y dejan de ser un simple decorado para convertirse en un elemento esencial de la acción.

El ambiente pudiese también colaborar en la construcción de personajes más verosímiles, ya que explicaría sus reacciones y los móviles de la acción. Así mismo podría afectar los estados de ánimo y el humor de los personajes.

El ambiente puede tener una función simbólica. Es decir, la descripción del entorno remite a un segundo significado distinto al que denota. Los lugares del relato fantástico van más allá de los mapas que el joven aprende en la clase de geografía. Pareciera que los entornos de los cuentos fantásticos son, más que escenarios concretos, atmósferas afectivas. Los lugares son amalgamas de espacios físicos y sentimientos que cautivan al adulto y al niño o joven. La casita, el bosque, el agua en sus distintas formas (río, lago y mar), las escaleras de caracol, los sótanos, el túnel, todos son atmósferas misteriosas que albergan el peligro y la aventura a la vez que sacuden sentimientos profundos. El ambiente simbólico tiene que ver con un mensaje concreto que remite a su vez a un segundo mensaje que pone en marcha el mundo fantástico, interior del lector.

En relación a los efectos de la lectura, el ambiente puede ser tan importante que llegue a tomar el lugar principal frente al tema explícito. Ni las brujas ni los monstruos más horribles asustan a los niños cuando éstos aparecen en una atmósfera llena de humor.

El lector disfrutará el ambiente si la obra realmente lo requiere. La edad del lector puede definir la cantidad de descripción aceptable antes de llegar a la acción. Finalmente, el entorno, como todos los demás elementos de la obra literaria, debe justificarse y estar integrado.

Recomendaciones:

1. Tome en cuenta la originalidad, la riqueza y la fuerza expresiva del lenguaje de las obras que ponga en manos de los jóvenes.

2. Busque obras con una adecuada construcción de los personajes y que se desarrollen en un ambiente bien definido.

3. Prefiera narraciones con un hábil manejo de las secuencias temporales.

4. Evite historias con temas poco originales, triviales, o lugares comunes.

5. Evite siempre temas moralizantes o didácticos o que muestren poco manejo del tiempo, de la acción, falta de elementos de sorpresa y humor y que, por lo tanto, no mantengan el interés del lector.

Tema de discusión:

¿Ha de definirse la literatura para jóvenes por su calidad literaria, por su popularidad o por los valores sociales que comparte?

Actividades:

Suministrar un inventario de intereses a los niños/adolescentes como el siguiente:

Inventario Informal de Intereses

1. ¿Tienes algún pasatiempo? _____

    ¿Si así es, cuál es tu pasatiempo? _____

2. ¿Tienes una mascota? _____

    ¿Qué clase de mascota es? _____

3. ¿Cuál de los libros que te han leído es tu favorito? _____

4. ¿Qué clase de libros te gusta más que te lean?

animales reales _____	libros de ilustraciones _____
niños reales _____	libros informativos _____
ciencia ficción _____	misterios _____
cuentos graciosos _____	cuentos de hadas _____
cuentos de deportes _____	poesía _____
historias reales _____	novelas históricas _____
animales fantásticos _____	libros de ciencia _____
cuentos de familia _____	aventuras _____

5. ¿Entre los libros que tu has leído sólo, cuál es tu favorito?
    _____

6. ¿Qué clase de libros te gusta leer por tí mismo? (semejante a la 4)
    _____

7. ¿Cuáles son los deportes que te gustan? _____

8. ¿Quiénes son tus grandes deportistas favoritos? _____

9. ¿Al llegar a tu casa de la escuela, qué haces? _____

10. ¿Qué te gusta hacer los sábados? _____

El tema y el entorno 27

11. ¿Te gusta coleccionar objetos? _____

   ¿Qué es lo que te gusta coleccionar? _____

12. ¿Cuáles son tus materias favoritas en la escuela? _____
_____

13. ¿Qué prefieres: leer un libro por tí mismo o que alguien te lo lea?
_____

14. ¿Dime qué libro has leído esta semana? _____

15. ¿Durante las vacaciones a dónde te gustaría ir? _____

16. ¿Visitas alguna biblioteca? _____

   ¿Si lo haces, cada cuando vas? _____

   ¿Tienes tu tarjeta para la biblioteca? _____

17. ¿Ves la televisión? _____

18. ¿Si lo haces, qué clase de programas te gusta ver?

   comedias _____   caricaturas _____

   deportes _____   vaqueros _____

   programas sobre animales _____   musicales _____

   historias de familia _____   concursos _____

   TV educacional _____   misterios _____

   historias reales _____   programas de detectives _____

   programas especiales _____   ciencia ficción _____

   noticieros _____   otros _____

19. ¿Dime cuál es tu programa favorito de TV? _____

20. ¿Cuáles son tus personajes favoritos de TV? _____

21. Nombra varios temas que te gustaría conocer mejor _____
_____
_____

Bibliografía
El tema y el entorno

Para los más pequeños

Browne, Anthony. *Willy y Hugo.* Ilustrado por el autor. Traducido por Carmen Esteva. México: Fondo de Cultura Económica, 1993. 26p. ISBN: 968-16-4271-6.

Butterworth, Nick. *Una noche de nieve.* Ilustrado por el autor. Traducido por Pilar Jufresa. Barcelona: Ediciones Destino, 1993. 24p. ISBN: 84-233-2276-9.

Cole, Babette. *¡Tarzana!* Traducido por Pilar Jufresa. Barcelona: Ediciones Destino, 1993. 30p. ISBN: 84-233-2274-2.

de Beer, Hans. *Al mar, al mar, osito polar.* Ilustrado por el autor. Traducido por Mercedes Roffé. New York: Ediciones Norte-Sur, 1995. 26p. ISBN: 1-55858-504-4.

de Beer, Hans. *El osito polar.* Ilustrado por el autor. Traducido por Silvia Arana. New York: Ediciones Norte Sur, 1995. 26p. ISBN: 1-55858-390-4.

de Beer, Hans. *El oso valiente y el conejo miedoso.* Ilustrado por el autor. Traducido del alemán por Miguel Azaola. Madrid: Ediciones S.M., 1995. 45p. ISBN: 84-348-4545-8.

Johnson, Crockett. *Harold y el lápiz color morado.* Ilustrado por el autor. Traducido por Teresa Mlawer. New York: Harper Arco Iris/HarperCollins, 1995. 62p. ISBN: 0-06-025332-0.

Joly, Fanny. *¿Quién tiene miedo a la tormenta?* Ilustrado por Jean-Noël Rochut. Traducido del francés por Uriel P. Eyheramonno. Madrid: Grupo Anaya, 1991. 26p. ISBN: 84-207-4304-6.

El tema y el entorno

Kessler, Leonard. *El último en tirarse es un miedoso.* Traducido por Osvaldo Blanco. (Ya Sé Leer) New York: HarperCollins, 1995. 64p. ISBN: 0-06-444194-6.

Kraatz, David. *La canción del geco.* Ilustrado por Mauricio Luengas. Miami: Santillana, 1995. 16p. ISBN: 1-56014-579-X.

Oram, Hiawyn. *Fernando furioso.* Ilustrado por Satoshi Kitamura. Caracas: Ediciones Ekaré-Banco del Libro, 1989. 30p. ISBN: 980-257-061-3.

Pfister, Marcus. *El pez arco iris.* Ilustrado por el autor. Traducido del alemán por Ana Tortajada. New York: Ediciones Norte-Sur, 1994. 28p. ISBN: 1-55858-361-0.

Rosen, Michael. *Vamos a cazar un oso.* Ilustrado por Helen Oxenbury. Caracas: Ediciones Ekaré, 1993. 34p. ISBN: 980-257-106-5.

Snyder, Carol. *Uno arriba, uno abajo.* Ilustrado por Maxie Chambliss. Traducido por Alma Flor Ada. New York: Simon & Schuster/Atheneum, 1995. 32p. ISBN: 0-689-31994-0.

Stevens, Jan Romero. *Carlos and the Cornfield/Carlos y la milpa de maíz.* Ilustrado por Jeanne Arnold. Flagstaff, AZ: Northland, 1995. 32p. ISBN: 0-87358-596-8.

Torres, Leyla. *El sancocho del sábado.* Ilustrado por la autora. New York: Mirasol/Farrar, Straus & Giroux, 1995. 32p. ISBN: 0-374-31997-9.

Udry, Janice May. *Un árbol es hermoso.* Ilustrado por Marc Simont. Traducido por María A. Fiol. New York: HarperCollins, 1995. 30p. ISBN: 0-06-025317-7.

Velthuijs, Max. *Sapo en invierno.* Caracas: Ediciones Ekaré-Banco del Libro, 1992. 26p. ISBN: 980-257-117-2.

Waddell, Martin. *Las lechucitas.* Ilustrado por Patrick Benson. Traducido por Andrea B. Bermúdez. Compton, CA: Santillana, 1994. 26p. ISBN: 0-88272-137-2.

Williams, Sue. *Salí de paseo.* Ilustrado por Julie Vivas. Traducido por Alma Flor Ada. San Diego: Harcourt Brace, 1995. 32p. ISBN: 0-15-200288-X.

Willis, Val. *El secreto en la caja de fósforos.* Ilustrado por John Shelley. Traducido por Alma Flor Ada. New York: Mirasol/Farrar, Straus & Giroux, 1993. 32p. ISBN: 0-374-36701-9.

Para los lectores intermedios

Alcántara, Ricardo. *El viaje de los pájaros*. Ilustrado por Asun Esteban. Barcelona: Editorial Juventud, 1988. 28p. ISBN: 84-261-2356-2.

Brusca, María Cristina. *En la pampa*. Ilustrado por la autora. Buenos Aires: Primera Sudamericana, 1995. 32p. ISBN: 950-07-0944-9.

Dahl, Roald. *Los Mimpins*. Ilustrado por Patrick Benson. Traducido por María Puncel. Madrid: Santillana, 1992. 48p. ISBN: 84-372-6618-1.

Eco, Umberto. *Los gnomos de Gnu*. Ilustrado por Eugenio Carmi. Traducido del italiano por Esther Tusquets. Barcelona: Editorial Lumen, 1994. 36p. ISBN: 84-264-3685-4.

Gómez Cerdá, Alfredo. *La princesa y el pirata*. Ilustrado por Teo Puebla. México: Fondo de Cultura Económica, 1991. 28p. ISBN: 968-16-3654-6.

Heine, Helme. *El maravilloso viaje a través de la noche*. Traducido por L. Rodríguez Lopez. Salamanca: Lóguez Ediciones, 1990. 26p. ISBN: 84-85334-62-0.

Michels, Tilde. *¿Quién llama en la noche a la puerta de Iván?* Ilustrado por Reinhard Michl. Traducido por Beatriz Doumerc. Barcelona: Editorial Juventud, 1989. 22p. ISBN: 84-261-2402-X.

Mistral, Silvia. *La bruja vestida de rosa*. Ilustrado por Gloria Calderas. México: Editorial Trillas, 1988. 32p. ISBN: 968-24-2546-8.

Singer, Isaac B. *El cuento de los tres deseos*. Ilustrado por Francisco González. Madrid: Editorial Debate, 1985. 34p. ISBN: 84-7444-192-7.

Steig, William. *La isla de Abel*. Traducido por María Luisa Balseiro. New York: Mirasol/Farrar, Straus & Giroux, 1992. 125p. ISBN: 0-374-34286-5.

Para los adolescentes

Carazo, Jesús. *El soñador furtivo*. Madrid: Aguilar S.A. de Ediciones, 1989. 175p. ISBN: 84-03-46117-8.

Delgado, Josep-Francesc. *Las voces del Everest*. Madrid: Ediciones S.M., 1990. 173p. ISBN: 84-348-3200-3.

Doyle, Arthur Conan. *La mano parda y otros cuentos*. Ilustrado por Tibor Csemus. Traducido por Rosa Benavides y Amando Lázaro Ros. (Botella al Mar) México: Consejo Nacional para la Cultura y las Artes, 1991. 123p. ISBN: 968-29-3166-5.

Lluch, Víctor Angel. *Las pinturas de arena*. Ilustrado por Bruno Mallart. Traducido del francés por Pilar Ruiz-Va Palacios. Madrid: Alfaguara, 1993. 103p. ISBN: 84-204-4725-0.

Manzi, Alberto. *La luna en las barracas*. Traducido del italiano por Pilar Molina Llorente. Barcelona: Editorial Noguer, 1988. 111p. ISBN: 84-279-3172-7.

Morgan, Alison. *Los ojos del ciego*. Traducido por Emilio Ortega. Madrid: Ediciones S.M., 1989. 205p. ISBN: 84-348-2553-8.

Southall, Ivan. *La guarida del zorro*. Ilustrado por Teo Puebla. Traducido por Jesús Mayor Val. Barcelona: Editorial Noguer, 1987. 111p. ISBN: 84-279-3171-9.

Teixidor, Emili. *El soldado de hielo*. Madrid: Ediciones S.M., 1990. 160p. ISBN: 84-348-3279-8.

Traven, B. *Puente en la selva*. Ilustrado por Manuel Ahumada. Traducido del inglés por Esperanza López Mateos. México: Fondo de Cultura Económica, 1991. 258p. ISBN: 968-16-3662-7.

4 El punto de vista, el estilo y el tono

El punto de vista

Cuando leemos un cuento o un relato, podemos captar los eventos a través de los ojos del personaje, o bien podemos llegar a tener la impresión de que somos observadores externos y que frente a nuestra propia mirada se desatan las historias. En literatura, el punto de vista se refiere precisamente al lugar desde el cual el autor decide contar su historia. Encontramos cuatro puntos de vista en la literatura para jóvenes: primera persona, omnisciente, omnisciente limitado y objetivo.

El punto de vista en primera persona significa que el protagonista, o un personaje menor que observa la acción, narra la historia. Esta forma es limitada ya que el narrador conoce la historia únicamente desde su punto de vista, lo cual permite al lector sentir que participa de una verdad biográfica. El peligro del punto de vista en primera persona es llegar a caer en la inverosimilitud y perder la credibilidad. El lector no podrá creer en la persona que narra si ésta sobrepasa sus posibilidades e injustificadamente reporta los pensamientos de los demás y predice sus acciones.

El punto de vista omnisciente ofrece mayor libertad al escritor. Esta forma permite expresar toda la información deseada sobre los personajes, sus personalidades, sus sentimientos, ideas, etcétera. El autor puede regresar al pasado o prever el futuro. Las obras escritas desde este punto de vista ayudan al lector a saber todo sobre los personajes y sus motivos.

El punto de vista, el estilo y el tono

En el punto de vista omnisciente limitado, el autor mira la narración a través de los ojos de un personaje, generalmente el protagonista. Pero a la vez reporta el pensamiento del personaje. El escritor parece estar dentro del protagonista, mirando por sus ojos y a la vez junto a él, describiendo su mundo interno.

El punto de vista objetivo, también llamado dramático, no participa de la vida interior de los personajes. La acción habla por sí misma y el lector se entera, como en el drama, por lo que los personajes expresan de sí mismos y de los demás. Los sentimientos y pensamientos se revelan en la acción.

El punto de vista objetivo exige más comprensión por parte del lector ya que ciertos signos, como el lenguaje corporal, el gestual, ciertos rituales sociales, requieren de un conocimiento cultural más amplio. Por lo tanto, en literatura infantil y juvenil, el autor que parte del punto de vista objetivo tiene la responsabilidad de describir la acción de manera que su lector comprenda la narración.

Los niños más pequeños pueden tener dificultad para identificar al "yo" que narra el cuento desde el punto de vista de la primera persona. Así mismo el punto de vista objetivo le puede crear problemas para sacar conclusiones de los diálogos de los personajes y de las descripciones del ambiente. En estos casos las ilustraciones pueden favorecer la lectura de la historia si agregan información útil para el niño pequeño.

Los puntos de vista presentan problemas distintos de acuerdo al género. El reto del realismo animal es presentar de forma verosímil ciertas características humanas y ciertas características que son auténticamente animales, sin confundir ambas. El punto de vista más adecuado para este tipo de historias es el punto de vista objetivo o dramático. Para disfrutar los cuentos fantásticos es importante que el punto de vista sea consistente con los personajes y con los detalles que se describen.

Cuando se narra un cuento situado en países extraños, el punto de vista objetivo puede quedarse en la descripción y el lector, poco conocedor de los ambientes, no comprenderá el conjunto de la historia. Saber un poco más de los sentimientos y pensamientos de los personajes ayuda a comprender mejor la narración y la acerca a la vida del niño y del adolescente.

El estilo

El estilo es otro elemento importante de la obra literaria. Existen múltiples formas de abordar el estilo: detectarlo en una obra en particular, o bien el estilo de un escritor o de una fase de su vida (juventud, vejez), o de una generación, o de una corriente, de una época, etc. Buscar el estilo de una obra es procurar descubrir el funcionamiento de la lengua como expresión de una actitud. Consideramos importante para nuestro objetivo, observar de qué manera se utiliza la lengua sin pretender descubrir una única unidad de estilo. Al encontrar una obra literaria, sea para niños, adolescentes o adultos, reconocemos y admiramos la capacidad creativa que el autor proporciona a la lengua. El estilo es el producto de las elecciones que el autor hace. La selección de palabras y su composición, la manera que mejor construye los personajes, describe el entorno, narra el conflicto y lo conduce hasta su climax, y lo ata todo en un conjunto con cierta significancia, se denomina estilo.

El tono

Ahora bien, el contenido y la forma son inseparables. El tono, la selección de palabras, la estructura gramatical, los recursos retóricos, son todos constructores del estilo de la obra.

Como principales recursos en el lenguaje de la literatura infantil y juvenil encontramos las siguientes figuras retóricas y recursos sonoros:

Connotación

A partir de los significados que el sistema lingüístico le brinda al lenguaje, la sociedad desarrolla sin cesar sentidos secundarios que llamamos connotaciones.

Metáfora

Desplazamiento de un significado de una zona a otra que le es extraña. La metáfora es un medio especialmente atractivo para poner en movimiento el lenguaje y mostrar que las palabras pueden tener diferentes valores sugestivos.

Hipérbole

Es una de las figuras más utilizadas en el lenguaje común, por ejemplo, "lo he dicho mil veces", "guerra relámpago", etc.

Símbolo

Es una persona, objeto, situación o acción que puede sugerir otro sentido: la paloma como símbolo de la paz. Algunos símbolos son propios de un cuento en especial.

Alusión

Con esta figura es necesario que el oyente añada algo para comprender el sentido. Por ejemplo, en algunos cuentos es necesario que el lector conozca de mitologías, personajes o situaciones de otros cuentos o culturas para comprender las alusiones.

Sonoridad

Rima

La rima no pertenece únicamente a la escritura en verso; también puede haber sonoridad en la prosa. La sonoridad no es únicamente un adorno sonoro sino que refuerza la correspondencia con el sentido.

Aliteración

Cuando existe identidad entre el sonido inicial de dos o más sílabas o palabras:
"Templado pula en la maestra mano el generoso pájaro su pluma..."

Asonancia

Se designa así a la coincidencia de las vocales a partir del último acento:
"En una anchurosa cuadra.."

Onomatopeyas

Formas lingüísticas que imitan un determinado sonido de la naturaleza: susurro, zigzaguear, cacarear. Las palabras onomatopéyicas nunca reproducen exactamente los sonidos del exterior; es por eso que al oírlas en un idioma extranjero no se comprende el significado.

Las formas retóricas y de sonoridad del lenguaje enfatizan el sentido y enriquecen el lenguaje. No obstante, la literatura infantil/juvenil heredera de los manerismos, las interjecciones, las inversiones, la falsa ingenuidad, las frases clichés, la sintaxis forzada y carente de fluidez, aleja al niño y al adolescente de la lectura.

El estilo para niños y jóvenes enfrenta dos problemas principales: por un lado al lenguaje que se considera apropiado para ellos y por otro, a los mecanismos de control que implica muchas veces la literatura infantil/juvenil.

La literatura para niños y jóvenes se identifica con el tipo de palabras que el adulto estima que el niño puede comprender. La combinación de clichés con un vocabulario cotidiano y simple ha tipificado la literatura infantil desde el siglo pasado. Los clichés son utilizados con el objeto de resumir las descripciones, ya que se juzga que el pequeño lector no podrá seguir un desarrollo amplio de las situaciones. A esta limitación se agrega el sistema escolar que examina sobre la literatura y reduce el disfrute estético al conocimiento del vocabulario.

Muchas veces la tentación de instruir "de paso" convierte a la obra en expresión de ideas simplistas y moralizadoras. El didactismo es uno de los recursos más referidos. Como son muchas las normas inútiles que el adulto desea inculcar en el joven y que éste resiste, se mira la literatura como vía para endulzar la sujeción. El problema con los textos moralizantes es que no sólo buscan controlar, sino que engañan al lector, limitan el placer estético y la capacidad de pensar. Podría pensarse que los libros para jóvenes, aunque simplistas, son inocuos; pero el lenguaje nunca es inocente y juega un papel determinante en el desarrollo del niño/joven. La originalidad del lenguaje es un detonador en potencia de la inteligencia del joven lector. El estilo no es sólo la superficie del cuento o novela, es un elemento constitutivo de la obra literaria.

El punto de vista, el estilo y el tono

Recomendaciones:

Sugerencias para la lectura en voz alta.

1. Su estilo de lectura en voz alta debe conformarse a su propia personalidad. No se sienta en la obligación de crear una voz especial para cada personaje.
2. Lea un libro nuevo de manera tal que logre familiarizarse con él, antes de presentarlo a su público.
3. Mantenga un buen tono, volúmen y expresión durante la lectura.
4. Invite a los niños a sentarse cerca de usted para que puedan contemplar las ilustraciones. Esto promueve un sentimiento colectivo y les ayuda a responder a la lectura.
5. Recuerde mantener frecuentemente la mirada con los jóvenes para involucrarlos en su lectura.
6. Cada vez que concluya una nueva lectura en voz alta cuide que el libro esté a disposición de los jóvenes.

Tema de discusión:

La literatura infantil ¿debe únicamente atraer a los niños o, por su calidad estética, también debe conmover a los adultos?

Actividad:

Tabule los resultados del inventario informal de intereses. ¿Cuál fue la respuesta de los niños/jóvenes a los libros?

Bibliografía
El punto de vista, el estilo y el tono

Para los más pequeños

Bemelmans, Ludwig. *Madeline*. Ilustrado por el autor. Traducido por Ernesto Livon Grosman. New York: Viking, 1993. 48p. ISBN: 0-670-85154-X.

Brown, Margaret Wise. *Buenas noches luna*. Ilustrado por Clement Hurd. México: Sistemas Técnicos de Edición, 1989. 32p. ISBN: 968-6394-02-8.

Browne, Anthony. *Zoológico*. Ilustrado por el autor. Traducido por Carmen Esteva. México: Fondo de Cultura Económica, 1993. 26p. ISBN: 968-16-4272-4.

Burningham, John. *¿Qué prefieres....* Ilustrado por el autor. Traducido por Esther Roehrich-Rubio. Madrid: Kokinos, 1994. 32p. ISBN: 84-88342-05-5.

Colmont, Marie. *Michka*. Ilustrado por Gérard Franquin. Traducido por Ángel García Aller. Madrid: Editorial Everest, 1993. 32p. ISBN: 84-241-3345-5.

Faulkner, Keith y Jonathan Lambert. *¡Tic Tac!* Traducido por María Rabassa. Barcelona: Ediciones B, S.A., 1993. 10p. ISBN: 84-406-3624-5.

Grejniece, Michael. *¿Qué te gusta?* Ilustrado por el autor. Traducido por Silvia Arana. New York: Ediciones Norte-Sur, 1995. 32p. ISBN: 1-55858-391-2.

Guarino, Deborah. *¿Tu mamá es una llama?* Ilustrado por Steven Kellogg. Traducido por Aída E. Marcuse. New York: Scholastic, 1993. 30p. ISBN:0-590-46275-X.

Hoban, Russell. *Pan y mermelada para Francisca*. Ilustrado por Lillian Hoban. Traducido por Tomás González. New

York: HarperCollins/Harper Arco Iris, 1995. 31p. ISBN: 0-06-025328-2.

Howe, James. *Hay un dragón en mi bolsa de dormir*. Ilustrado por David S. Rose. Traducido por Alma Flor Ada. New York: Simon & Schuster/Atheneum, 1994. 30p. ISBN: 0-689-31954-1.

Hutchins, Pat. *Llaman a la puerta*. Ilustrado por la autora. Traducido por Aída E. Marcuse. New York: Morrow/Mulberry, 1994. 24p. ISBN: 0-688-13807-1.

Kalan, Robert. *¡Salta, ranita, salta!* Ilustrado por Byron Barton. Traducido por Aída E. Marcuse. New York: Morrow/Mulberry, 1994. 30p. ISBN: 0-688-13804-7.

Marcuse, Aída E. *Caperucita Roja y la luna de papel*. Ilustrado por Pablo Torrecilla. Torrance, CA: Laredo, 1993. 24p. ISBN: 1-56492-103-4.

Ramon, Elisa. *Todas las noches la misma historia*. Ilustrado por Gemma Sales. Barcelona: Ediciones Junior, 1994. 32p. ISBN: 84-478-0167-5.

Rice, James. *La Nochebuena South of the Border*. Ilustrado por el autor. Traducido por Ana Smith. Gretna, LA: Pelican, 1993. 28p. ISBN: 0-88289-966-X.

Schaefer, Jackie Jasina. *El día de miranda para bailar*. Ilustrado por la autora. Traducido por Alberto Blanco. New York: Four Winds/Libros Colibrí, 1994. 30p. ISBN: 0-02-781112-3.

Sempere, Vicky. *ABC*. Ilustrado por la autora. Caracas: Ediciones Ekaré-Banco del Libro, 1987. 59p. ISBN: 980257-028-1.

Slobodkina, Esphyr. *Se venden gorras*. Ilustrado por la autora. Traducido por Teresa Mlawer. New York: HarperCollins/Harper Arco Iris, 1995. 44p. ISBN: 0-06-025330-4.

Tabor, Nancy María Grande. *Somos un arco iris/We Are a Rainbow*. Ilustrado por la autora. Watertown, MA: Charlesbridge, 1995. 32p. ISBN: 0-88106-813-6.

Williams, Vera B. *Un sillón para mi mamá*. Ilustrado por la autora. New York: Morrow/Mulberry, 1994. 32p. ISBN: 0-688-00-914-X.

Zolotow, Charlotte. *El señor conejo y el hermoso regalo*. Ilustrado por Maurice Sendak. Traducido por María A. Fiol. New York: HarperCollins, 1995. 32p. ISBN: 0-06-025326-6.

Colecciones Temáticas
Serie: Osito serie (Santillana)

Minarik, Else H. *Los amigos de Osito*. Ilustrado por Maurice Sendak. Traducido por Rosa Benavides. (Osito serie) Madrid: Santillana, 1987. 34p. ISBN: 84-204-3049-8.

Minarik, Else H. *Un beso para Osito*. Ilustrado por Maurice Sendak. Traducido por Rosa Benavides. (Osito serie) Madrid: Santillana, 1981. 34p. ISBN: 84-204-3050-1.

Minarik, Else H. *Osito*. Ilustrado por Maurice Sendak. Traducido por María Puncel. (Osito serie) Madrid: Santillana, 1993. 58p. ISBN: 84-204-4808-7.

Minarik, Else H. *Papa Oso vuelve a casa*. Ilustrado por Enric Satue. Traducido por Rosa Benavides. (Osito serie) Madrid: Santillana, 1987. 62p. ISBN: 84-204-3048-X.

Minarik, Else H. *La visita de Osito*. Ilustrado por Maurice Sendak. Traducido por Rosa Benavides. (Osito serie) Madrid: Santillana, 1987. 64p. ISBN: 84-204-3051-X.

Para los lectores intermedios

Araujo, Orlando. *Miguel Vicente, pata caliente*. Ilustrado por Morella Fuenmayor. Caracas: Ediciones Ekaré-Banco del Libro, 1992. 46p. ISBN: 980-257-102-4.

Armijo, Consuelo. *Los batautos*. Ilustrado por Marta Baloguer. Madrid: Susaeta, 1989. 127p. ISBN: 843-5507-50-5.

Barrie, J.M. y Xavier Roca-Ferrer. *Peter Pan y Wendy*. Ilustrado por Marcé Llimona. Traducido por Humberto Lobbosco. Barcelona: Ediciones Destino, 1994. 59p. ISBN: 84-233-2394-3.

Byars, Betsy. *La casa de las alas*. Ilustrado por Luis Bernal. Traducido por Montserrat Gurgui. (Marabierto) Barcelona: Ediciones B., 1989-1990. 137p. ISBN: 84-4060-861-6.

Da Coll, Ivar. *Tengo miedo*. Ilustrado por el autor. (Historias de Eusebio) Bogotá: Carlos Valencia Editores, 1989. 36p. ISBN: 958-9044-61-1.

Da Coll, Ivar. *Torta de cumpleaños*. Ilustrado por el autor. (Historias de Eusebio) Bogotá: Carlos Valencia Editores, 1989. 28p. ISBN: 958-9044-59-X.

Erlbruch, Wolf. *Leonardo*. Traducido por Silvia Eugenia Castillero. México: Petra Ediciones, 1992. 36p. ISBN: 968-6445-02-1.

Froissart, Bénédicte. *La cena con el Tío Enrique*. Ilustrado por Pierre Pratt. Traducido por Francisco Segovia. México: Fondo de Cultura Económica, 1992. 32p. ISBN: 968-16-3942-1.

Gantschev, Ivan. *El oso Ota*. Ilustrado por el autor. Traducido del alemán por Marinella Terzi. Madrid: Ediciones S.M., 1988. 24p. ISBN: 84-348-2421-3.

Jennings, Paul. *El embuste de las coles*. Ilustrado por Enrique Martínez. Traducido por Paloma Villegas. México: Fondo de Cultura Económica, 1992. 42p. ISBN: 968-16-3894-8.

Rodari, Giani. *Cuentos por teléfono*. Traducido por Ramon Prats de Alos-Moner. Barcelona: Juventud, 1990. 140p. ISBN: 842-6155-59-6.

Soto, Gary. *Beisbol en abril y otras historias*. Ilustrado por Mauricio Gómez Morín. Traducido por Tedi López Mills. México: Fondo de Cultura Económica, 1993. 149p. ISBN: 968-16-3854-9.

Steig, William. *El auténtico ladrón*. Ilustrado por el autor. Traducido por Sonia Tapia. (Marabierto) Barcelona: Ediciones B. 1989-1990. 87p. ISBN: 84-406-1306-7.

Steig, William. *El verdadero ladrón*. Ilustrado por el autor. Traducido por Sonia Tapia. New York: Mirasol/Farrar, Straus & Giroux, 1993. 57p. ISBN: 0-374-30458-0.

Waber, Bernard. *Quique duerme fuera de casa*. Traducido por Teresa Mlawer. México: Sistemas Técnicos de Edición, 1991. 48p. ISBN: 968-6579-15-X.

Walsh, María Elena. *El diablo inglés y otros cuentos*. Ilustrado por Nora Hilb. Buenos Aires: Editorial Sudamericana, 1992. 93p. ISBN: 950-07-0745-4.

Walsh, María Elena. *El reino del revés*. Ilustrado por Trino Camacho. Amecameca, México: Amaquemecan, 1989. 94p. ISBN: 968-7205-35-0.

Walsh, María Elena. *Zoo loco*. Buenos Aires: Editorial Sudamericana, 1970. 18p. ISBN: Inaccesible.

Para los adolescentes

Balcells, Jacqueline y Ana María Güiraldes. *Trece casos misteriosos*. Ilustrado por Camila Quiroga. Santiago de Chile: Editorial Andrés Bello, 1990. 123p. ISBN: 956-13-0892.

Biegel, Paul. *Los doce bandoleros*. Ilustrado por Lluisa Jover. Traducido del holandés por Marion Dammering y Jesús Rojo. (Botella al Mar) México: Consejo Nacional para la Cultura y las Artes, 1991. 120p. ISBN: 968-29-3170-3.

García Márquez, Gabriel. *Doce cuentos peregrinos*. Traducido por Edith Grossman. México: Editorial Diana, 1992. 245p. ISBN: 968-13-2308-4.

Gómez Cerdá, Alfredo. *Pupila de águila*. Madrid: Ediciones S.M., 1989. 188p. ISBN: 84-348-2764-6.

Gómez Cerdá, Alfredo. *Sin billete de vuelta*. Ilustrado por Teo Puebla. Madrid: Alfaguara, 1994. 117p. ISBN: 84-204-4855-9.

González, Lola. *Brumas de octubre*. Madrid: Ediciones S.M., 1994. 155p. ISBN: 84-348-4274-2.

Mariño, Ricardo. *Cuentos espantosos*. Ilustrado por Ana Camusso. Buenos Aires: Coquena Grupo Editor, 1991. 46p. ISBN: Inaccesible.

Martin, Andreu y Jaume Ribera. *Todos los detectives se llaman Flanagan*. Madrid: Grupo Anaya, 1991. 233p. ISBN: 84207-4157-4.

Mendo, Miguel Ángel. *Un museo siniestro*. Madrid: Ediciones S.M., 1992. 141p. ISBN: 84-348-3803-6.

Singer, Isaac Bashevis. *Cuando Shlemel fue a Varsovia y otros cuentos*. Ilustrado por Margot Zemach. Traducido por Ramón Buckley. México: Alfaguara/Consejo Nacional para la Cultura y las Artes, 1993. 103p. ISBN: 968-29-5026-0.

Vázquez Montalbán, Manuel y otros. *Breve antología de cuentos 4: Latinoamérica y España*. Buenos Aires: Editorial Sudamericana, 1993. 85p. ISBN: 950-07-0897-3.

5 El libro ilustrado

La literatura para niños toma prestados elementos de muchos géneros y los integra de forma que contribuyen a la definición de lo que conocemos como libro infantil. La ilustración es un elemento especialmente importante, ya que existe una compleja relación entre el sentido del texto y el sentido de la imagen. En los libros con imágenes el mundo verbal y el pre-verbal interactúan: las palabras pueden agregar, explicitar, repetir, o interpretar las ilustraciones, y viceversa.

Ahora bien, existe una diferencia entre leer las palabras y "leer" las ilustraciones del libro. Las palabras definen con más precisión los conceptos que se desean comunicar, pero la imagen puede expresar una noción general más exacta. Si bien la palabra ayuda a analizar la historia paso a paso y parte por parte, la ilustración integra y ofrece impresiones completas.

El carácter arbitrario del signo lingüístico, es decir, no fundamentado de manera natural en la realidad, estimula el pensamiento abstracto del niño; sin embargo, la imagen que relaciona de forma concreta y analógica las cosas con la realidad, introduce al niño al uso de la metáfora.

El lenguaje es temporal y lineal. Esto significa que la expresión escrita así como la hablada se desarrolla en el tiempo: una letra después de otra, una palabra después de otra. En cambio el mundo de la imagen es intemporal. La imagen, que no requiere de una lectura con una secuencia convencional, se acerca más a la poesía. La imagen, parecida a la percepción infantil, agrega los detalles no lineales, no secuenciales, no "lógicos", y que enriquecen la narración. La expresión digital de la comunicación verbal se contrapone a la expresión espacial de la imagen. Ésta busca relaciones entre cosas y la manera en que las partes forman un todo en el espacio. La característica lógica hace lugar a la intuición donde significa menos el orden lógico y más los patrones incompletos, los sentidos y las imágenes visuales.

La expresión escrita, por la exigencia que implica el descifrado de símbolos, tiene un alto contenido racional. Las asociaciones que surgen al mirar las ilustraciones pueden ser ambiguas y tienen explicación en sus nexos psicológicos y oníricos.

Al abrir un libro infantil ilustrado se abre una posibilidad excepcional: se ofrecen dos historias simultáneamente, la visual y la verbal. Esta característica permite que el mensaje visual no sea meramente una colección de dibujos, sino una riqueza de significados que anticipan, refuerzan o dilatan el sentido del mensaje verbal, permitiendo al niño explorar el mundo desde ambos lenguajes. Un libro ilustrado, bien logrado, no permite disociar el texto de la imagen porque ambos se complementan en un todo e invitan al niño a operar su imaginación en los dos niveles.

Sabemos que es imposible que la ilustración, ni siquiera la fotográfica, reproduzca la realidad de forma idéntica. Así mismo, la imagen interpreta la palabra. De hecho, el concepto "ilustración" tiene un uso impreciso. Algunas veces significa explicar una idea con base en ejemplos, y otras veces se utiliza para proveer un texto con grabados. Pero ilustrar se acepta generalmente bajo el significado de una actividad didáctica y pedagógica. Cuando se ilustra se enseña, se aclara. En el libro infantil la ilustración no debe agotarse en la acción de esclarecimiento de las palabras, sino que debe ir más allá, inventando y desarrollando otro cuento paralelo.

Es cierto que encontramos libros cuya función es enseñar a los niños a leer; éstos no son literatura. En los libros de texto escolar muchas veces se encuentra una pobreza deliberada en las imágenes que acompañan la escritura. El libro que tiene como función enseñar a leer posee una ilustración distinta. El mensaje lingüístico participa como leyenda o parte de la ilustración. Para descifrar el sentido deseado de la imagen es necesario conocer las letras del alfabeto y viceversa. En este caso el mensaje lingüístico cumple la función de "anclar" el sentido de la imagen. Este tipo de texto limita las posibles

El libro ilustrado

proyecciones individuales, ya que su objetivo será subrayar el ejercicio de la lectura. La pobreza de la ilustración obliga a adivinar el significado del texto y a aprender así a leer.

Pero el libro de literatura con imágenes contiene una expresión gráfica menos "natural", su mensaje denotado es menos puro, más inmotivado y despojado de anclajes lingüísticos. La sensualidad, como detonadora de sueños, predomina en la negociación entre el texto y la imagen. La libertad de formas, por su placer, no requiere de la respuesta única, "adecuada", y puede provocar una interpretación arbitraria.

Los libros de imágenes a los que nos referimos son aquellos que permiten "leer" palabras-e-imágenes en conjunto. En estos libros existe un cuento paralelo de imágenes y texto. Entonces podemos afirmar que la imagen posee su propia coherencia y profundidad que puede reponer o expandir las referencias del libro.

El libro de imágenes es, por lo general, la puerta por donde el niño entra al mundo del arte y la literatura. Aquí radica la importancia de la calidad de estos bienes culturales pues la pobreza y el estereotipo pueden abrir el camino a todo lo que es pobre y estereotipado. Pero ¿cómo definir una buena ilustración? ¿Por dónde empezar?

En principio una buena ilustración no es un complemento al libro, sino un aporte autónomo, que junto con el texto, concurre a proporcionar una obra. De esta manera el ilustrador es un coautor del libro. La ilustración del libro de imágenes hecha por un artista le da un sentido de unidad. Desde la portada se anuncia el estilo del responsable y se descubre en su interior una continuidad que la define como una obra.

La buena ilustración es sinónima de un libro activo. La oferta visual/textual posibilita distintas lecturas para los múltiples lectores. Una prueba de ello es la dificultad de clasificar un libro de imágenes por la edad del lector. ¿Cuántas veces compra el adulto los libros infantiles ilustrados para su propia biblioteca?

Por el contrario, una mala ilustración tiene que ver con limitadas posibilidades de lectura, es decir, con el uso de estereotipos que garantizan una lectura estrecha. En otras palabras, el peligro no está en la saturación en la oferta de dibujos con fórmulas repetidas, sino en el no ofrecer a los niños otras posibilidades. La Bella Durmiente, La Bella y la Bestia, Aladino, Pinocho, etc. se encuentran ilustrados en múltiples versiones que, al brindar otras interpretaciones, proponen universos fantásticos alternativos.

El libro de imágenes sin texto tiene como función permitir que el niño pequeño reconozca e identifique diferentes objetos y consequentemente ayudar al niño a asociar la percepción visual y la palabra. La ilustración de estos libros debe ser eficaz; no queremos decir que sea necesariamente realista, pero debe considerar que para que el pequeño lector sienta el placer de reconocer los objetos en el libro, éstos deben ser inmediatamente legibles.

Otra característica de los libros de imágenes con poco o ningún texto es que al brindar al niño una poesía plástica se interpelan sus sentidos más que su pensamiento racional. Por esto no es de sorprender que el niño, al ser expuesto al placer del juego visual de las formas y los colores, inicie un proceso imaginario.

Como características de la ilustración del libro infantil moderno vemos que se desdibuja la línea entre lo cotidiano y lo imaginario, entre el sueño y la vigilia. Las imágenes tienen humor y agregan información al texto. Encontramos que hay una relación con las corrientes pictóricas como el hiperrealismo, neoexpresionismo y la transvanguardia. Sin embargo, no hay que enfocar las diferentes fascetas de los elementos visuales cuando se discuten las ilustraciones, de la misma manera que no deben enfocarse los distintos elementos gramaticales cuando se inicia al niño en el habla o la lecto-escritura.

En conclusión, la razón de la ilustración en los libros infantiles responde menos a cargar de información la narración, y más a aportar a la plenitud de la historia y aumentar la calidad de lo sensible.

Recomendaciones:

1. Escoja libros en los que la imagen y el texto estén armónicamente integrados.
2. Observe que la presentación del libro sea agradable. Busque que la portada sea atractiva, así sea rústica o en blanco y negro.
3. En cuanto al diseño de interiores, prefiera una tipografía legible, una diagramación que facilite la lectura, un papel que permita apreciar la ilustración.

El libro ilustrado

4. Cuide que el libro esté bien encuadernado y no corra el riesgo de despegarse.
5. Observe que la ilustración sea expresiva, original, divertida, y que aporte elementos al texto.
6. La técnica y el estilo pueden variar pero observe que refleje la habilidad artística del autor.
7. Prefiera las imágenes que deleiten tanto al niño como a usted.
8. No seleccione libros cuya tipografía sea difícil por el tamaño y tipo de letra.
9. Observe que las ilustraciones no sean repetitivas y que los personajes no sean estereotipos o que no tengan rasgos que los distinga entre si.
10. Cuide que los libros, tanto en el texto como en la ilustración, no subestimen o sean prejuiciosos contra alguna cultura o grupo social, racial o religioso.

Tema de discusión:

Controversias sobre los libros de imágenes. ¿Ayudan al proceso del aprendizaje de la lectura o únicamente refuerzan la cultura visual de los medios masivos de comunicación?

Ejemplos de libros controvertidos en México, Estados Unidos, Cuba, España.

Actividades:

1. Escoja un libro de canciones de cuna apropiado para compartirse con niños pequeños. Aliente al niño a que participe con la aportación de las palabras deliberadamente faltantes en la canción o poema. Observe la relación entre el texto y la imagen ¿Qué elementos aporta la imagen al texto? ¿Qué objetos y características de los personajes se describen en las ilustraciones? ¿Puede la ilustración completar la narración? ¿En qué sentido?
2. Seleccione un libro infantil ilustrado para compartir con los jóvenes. ¿Cuáles son las cualidades que lo hacen lectura apropiada para todas las edades?

Bibliografía
El libro ilustrado

◆

Para los más pequeños

Así o asá: jugando al escondite. Ilustrado por Elve Fortis de Hieronymis. Madrid: Editorial Edaf, 1992. 8p. ISBN: 84-7640-606-1.

La historia de la Creación. Ilustrado por Jane Ray. New York: Dutton, 1993. 24p. ISBN: 0-525-45055-6.

El parque de atracciones. (Mundo Redondo) Madrid: Edaf, 1992. 24p. ISBN: 84-7640-558-8.

Alexander, Martha. *La bota de Lalo*. Traducio por Francisco Segovia. México: Fondo de Cultura Económica, 1993. 16p. ISBN: 968-16-4200-7.

Alexander, Martha. *Buenas noches, Lalo*. Traducio por Francisco Segovia. México: Fondo de Cultura Económica, 1993. 16p. ISBN: 968-16-4202-3.

Alexander, Martha. *Lola y Lalo*. Traducio por Francisco Segovia. México: Fondo de Cultura Económica, 1993. 16p. ISBN: 968-16-4201-5.

Balzola, Sofía y Pablo Barrena. *¿Qué animal es?* (Los Duros del Barco de Vapor) Madrid: Ediciones S.M., 1993. 14p. ISBN: 84-348-3964-4.

Bemelmans, Ludwig. *Madeline*. Ilustrado por el autor. Traducido por Ernesto Livon Grosman. New York: Viking, 1993. 48p. ISBN: 0-670-85154-X.

Bertrand, Cécile. *Víctor mira*. El Masnou, Spain: Manuel Salvat Vilá Editor, 1993. 12p. ISBN: 84-87560-46-6.

Bertrand, Cécile. *Víctor oye*. El Masnou, Spain: Manuel Salvat Vilá Editor, 1993. 12p. ISBN: 84-87560-45-8.

Bertrand, Cécile. *Víctor saborea*. El Masnou, Spain: Manuel Salvat Vilá Editor, 1993. 12p. ISBN: 84-87560-48-2.

Bertrand, Cécile. *Víctor toca*. El Masnou, Spain: Manuel Salvat Vilá Editor, 1993. 12p. ISBN: 84-87560-47-4.

Blacker, Terence. *Visto y no visto, ¿Dónde se esconde el hámster?* Ilustrado por Pippa Univin. Traducido del inglés por Mireia Blasco. Barcelona: Ediciones B, S.A., 1991. 29p. ISBN: 84-406-2059-4.

Briggs, Raymond. *El muñeco de nieve*. Ilustrado por el autor. Madrid: Altea, 1988. 30p. ISBN: 84-372-6609-2.

Browne, Anthony. *Willy y Hugo*. Ilustrado por el autor. Traducido por Carmen Esteva. México: Fondo de Cultura Económica, 1993. 26p. ISBN: 968-16-4271-6.

Carle, Eric. *La oruga muy hambrienta*. Ilustrado por el autor. Traducido por Aída E. Marcuse. New York: Philomel, 1994. 26p. ISBN: 0-399-22780-6.

Charles, Donald. *Gato Galano observa los colores*. Ilustrado por el autor. Traducido por Juan Quintana. Chicago: Childrens Press, 1992. 32p. ISBN: 0-516-33437-9.

Claverie, Jean y Michelle Nikly. *El arte de la bici*. Traducido por Maribel G. Martínez y L. Rodríguez. Salamanca: Loguez Ediciones, 1993. 26p. ISBN: 84-85334-70-1.

Cole, Babette. *¡Mamá puso un huevo! o cómo se hacen los niños*. Traducido por Pilar Jufresa. Barcelona: Ediciones Destino, 1993. 26p. ISBN: 84-233-2288-2.

Cole, Brock. *Alfa y el bebé sucio*. Ilustrado por el autor. Traducido por T. Gottlieb. New York: Farrar, Straus & Giroux, 1991. 32p. ISBN: 0-374-30242-1.

Cowcher, Helen. *El bosque tropical*. Traducido por Rita Gilbert. New York: Farrar, Straus & Giroux, 1992. 34p. ISBN: 0-374-30900-0.

Cowcher, Helen. *La tigresa*. Traducido por Aída E. Marcuse. New York: Mirasol/Farrar, Straus & Giroux, 1993. 34p. ISBN: 0-374-37565-8.

Day, Alexandra. *Carlito en el parque una tarde*. Traducido por Carmen Malvido. New York: Mirasol/Farrar, Straus & Giroux, 1992. 32p. ISBN: 0-374-31100-5.

Denou, Violeta. *La familia de Teo*. Barcelona: Editorial Timun Mas, 1991. 10p. ISBN: 84-7722-615-6.

Denou, Violeta. *Vamos al zoo, Teo*. Barcelona: Editorial Timun Mas, 1991. 10p. ISBN: 84-7722-616-4.

dePaola, Tomie. *La clase de dibujo*. Ilustrado por el autor. Traducido por Juan González Álvaro. Madrid: Editorial Everest, 1993, 32p. ISBN: 84-241-3341-2.

dePaola, Tomie. *El libro de las arenas movedizas*. Traducido por Teresa Mlawer. New York: Holiday House, 1993. 32p. ISBN: 0-8234-1056-0; Rústica ISBN: 0-8234-1057-9.

dePaola, Tomie. *El libro de las palomitas de maíz*. Traducido por Teresa Mlawer. New York: Holiday House, 1993. 32p. ISBN: 0-8234-1058-7.

Elzbieta. *Mimí y la bruja*. Ilustrado por el autor. Traducido por Enrique Sánchez Pascual. Barcelona: Ediciones B, 1993. 20p. ISBN: 84-406-3620-2.

Gilmore, Rachna. *Mi madre es rara*. Ilustrado por Brenda Jones. Traducido por Concepción Zendrera. Barcelona: Editorial Juventud, 1991. 20p. ISBN: 84-261-2600-6.

Groening, Maggie y Matt. *El libro de las formas y los colores*. Barcelona: Ediciones B, 1992. 30p. ISBN: 84-406-2896-X.

Groening, Maggie y Matt. *El libro de los números*. Barcelona: Ediciones B, 1992. 30p. ISBN: 84-406-2897-8.

Guarino, Deborah. *¿Tu mamá es una llama?* Ilustrado por Steven Kellogg. Traducido por Aída E. Marcuse. New York: Scholastic, 1993. 30p. ISBN: 0-590-46275-X.

Henderson, Kathy. *El libro de los bebés*. Traducido por Sonia Tapia. (Fotolibro) Barcelona: Ediciones B, 1993. 18p. ISBN: 84-406-3321-1.

Henkes, Kevin. *Crisantemo*. Ilustrado por el autor. Traducido por Teresa Mlawer. Madrid: Editorial Everest, 1993. 32p. ISBN: 84-241-3344-7.

Henkes, Kevin. *Julius, el rey de la casa*. Traducido por Teresa Mlawer. Madrid: Editorial Everest, S.A., 1993. 32p. ISBN: 84-241-3343-9.

Hill, Eric. *Spot va al parque*. Traducido por Teresa Mlawer. New York: G.P. Putnam's Sons, 1992. 22p. ISBN: 0-399-22345-2.

Holzwarth, Werner y Wolf Erlbruch. *El topo que quería saber quién se había hecho aquello en su cabeza*. Traducido del alemán por Miguel Azaola. Madrid: Altea, 1991. 22p. ISBN: 84-372-6617-3.

El libro ilustrado

Janosch. *La cigarra violinista y el topo.* Ilustrado por Enric Satue. Traducido por Rosa Blanco. Madrid: Santillana, 1988. 37p. ISBN: 84-204-4595-9.

Janosch. *¡Qué bonito es Panamá!* Ilustrado por Enric Satue. Traducido por Ana Pérez. Madrid: Santillana, 1987. 50p. ISBN: 84-204-3733-6.

Janosch. *Yo te curaré, dijo el pequeño oso.* Ilustrado por Enric Satue. Traducido por Regino García Badell. Madrid: Santillana, 1987. 47p. ISBN: 84-204-4528-2.

Kellogg, Steven. *Pollita pequeñita.* Ilustrado por el autor. León: Editorial Everest, 1991. 30p. ISBN: 84241-3331-5.

Kozikowski, Renate. *La calle de las delicias.* Traducido por María Rabassa. Barcelona: Ediciones B, 1993. 10p. ISBN: 84-406-3599-0.

MacKinnon, Debbie. *¿Cuántos hay?* Traducido por Sonia Tapia. (Fotolibro) Barcelona: Ediciones B, 1993. 18p. ISBN: 84-406-3324-6.

MacKinnon, Debbie. *¿De qué color?* Traducido por Sonia Tapia. (Fotolibro) Barcelona: Ediciones B, 1993. 18p. ISBN: 84-406-3320-3.

MacKinnon, Debbie. *¿Qué forma tiene?* Traducido por Sonia Tapia. (Fotolibro) Barcelona: Ediciones B, 1993. 18p. ISBN: 84-406-3323-8.

Nodar, Carmen Santiago. *El paraíso de abuelita.* Ilustrado por Diane Paterson. Traducido por Teresa Mlawer. Morton Grove, IL: Albert Whitman & Company, 1992. 32p. ISBN: 0-8075-6346-3.

Oram, Hiawyn. *Alex quiere un dinosaurio.* Ilustrado por Satoshi Kitamura. México: Fondo de Cultura Económica, 1993. 26p.

Oram, Hiawyn. *En el desván.* Ilustrado por Satoshi Kitamura. México: Fondo de Cultura Económica, 1993. 28p. ISBN: 968-16-4112-4.

Oram, Hiawyn. *¡Mío!* Ilustrado por Mary Rees. Traducido por Carme Pol. Barcelona: Ediciones Junior, 1993. 22p. ISBN: 84-478-0075-X.

Pfister, Marcus. *El pez arco iris.* Ilustrado por el autor. Traducido del alemán por Ana Tortajada. Barcelona: Ediciones Junior, S.A., 1993. 26p. ISBN: 84-4780-111-X.

Price, Mathew. *A la cama.* Ilustrado por Moira Kemp. Traducido por Teresa Mlawer. New York: Bantam, 1993. 8p. ISBN: 0-553-09562-5.

Price, Mathew. *Amigos.* Ilustrado por Moira Kemp. Traducido por Teresa Mlawer. New York: Bantam, 1993. 8p. ISBN: 0-553-09561-7.

Price, Mathew. *Bebés.* Ilustrado por Moira Kemp. Traducido por Teresa Mlawer. New York: Bantam, 1993. 8p. ISBN: 0-553-09563-3.

Price, Mathew. *La ropa*. Ilustrado por Moira Kemp. Traducido por Teresa Mlawer. New York: Bantam, 1993. 8p. ISBN: 0-553-09560-9.

Rice, James. *La Nochebuena South of the Border*. Ilustrado por el autor. Traducido por Ana Smith. Gretna, LA: Pelican, 1993. 28p. ISBN: 0-88289-966-X.

Riddell, Edwina. *100 primeras palabras*. Barcelona: Ediciones B, S.A., 1993. 18p. ISBN: 84-406-3781-0.

Riddell, Edwina. *Mi primera casa*. Barcelona: Ediciones B, S.A., 1993. 18p. ISBN: 84-406-3782-9.

Riddell, Edwina. *Mi primera guardería*. Barcelona: Ediciones B, S.A., 1993. 18p. ISBN: 84-406-3779-9.

Roddie, Shen. *¡Ábrete, huevo, ábrete!* Ilustrado por Frances Cony. Madrid: Ediciones Beascoa, 1993. 28p. ISBN: 84-7546-838-1.

Samton, Sheila White. *El viaje de Jenny*. Traducido por Arshes Anasal. New York: Viking, 1993. 32p. ISBN: 0-670-84843-3.

Sendak, Maurice. *La cocina de noche*. Traducido por Miguel Azaola. Madrid: Santillana, 1993. 34p. ISBN: 84-204-30226.

Sendak, Maurice. *Donde viven los monstruos*. Madrid: Santillana, 1993. 37p. ISBN: 84-204-30226.

Seuss, Dr. *Huevos verdes con jamón*. Ilustrado por el autor. Traducido por Aída E. Marcuse. New York: Lectorum, 1992. 62p. ISBN: 1-880507-01-3.

Seuss, Dr. *¡Oh, cuán lejos llegarás!* Traducido por Aída E. Marcuse. New York: Lectorum, 1993. 48p. ISBN: 1-880507-05-6.

Shulevitz, Uri. *El tesoro*. Ilustrado por el autor. Traducido por Maria Negioni. New York: Mirasol/Farrar, Straus & Giroux, 1991. 32p. ISBN: 0-374-37422-8.

Singer, Isaac Bashevis. *Por qué Noé eligió la paloma*. Ilustrado por Eric Carle. Traducido por Aída E. Marcuse. New York: Mirasol/Farrar, Straus & Giroux, 1991. 32p. ISBN: 0-374-36085-5.

Solotareff, Nadia y Grégoire. *Bebé conejito*. Traducido del francés por Nausica P. Eyheramonno. Madrid: Grupo Anaya, S.A., 1992. 10p. ISBN: 84-207-4423-9.

Solotareff, Nadia y Grégoire. *Bebé elefantito*. Traducido del francés por Nausica P. Eyheramonno. Madrid: Grupo Anaya, S.A., 1992. 10p. ISBN: 84-207-4427-1.

Solotareff, Nadia y Grégoire. *Bebé ratoncito.* Traducido del francés por Nausica P. Eyheramonno. Madrid: Grupo Anaya, S.A., 1992. 10p. ISBN: 84-207-4426-3.

Steig, William. *El hueso prodigioso.* Traducido por Daniel M. Santacruz. New York: Mirasol/Farrar, Straus & Giroux, 1993. 30p. ISBN: 0-374-33504-4.

Tejima, Keizaburo. *El otoño del oso.* Barcelona: Editorial Juventud, 1990. 42p. ISBN: 84-261-2512-3.

Torres, Leyla. *Gorrión del metro.* Ilustrado por la autora. New York: Farrar, Straus & Giroux, 1993. 30p. ISBN: 0-374-32756-3.

Van Allsburg, Chris. *La escoba de la viuda.* Traducido por Catalina Domínguez. México: Fondo de Cultura Económica, 1993. 30p. ISBN: 968-16-4005-5.

Van Allsburg, Chris. *El expreso polar.* Ilustrado por el autor. Traducido por Marianne Delon. Caracas: Ediciones Ekaré-Banco del Libro, 1985. 32p. ISBN: 980-257-045-1.

Velthuijs, Max. *Sapo enamorado.* Caracas: Ediciones Ekaré-Banco del Libro, 1992. 24p. ISBN: 980-257-112-1.

Velthuijs, Max. *Sapo y la canción del mirlo.* Caracas: Ediciones Ekaré-Banco del Libro, 1992. 24p. ISBN: 980-257-112-1.

Wagener, Gerda. *Billy y Tigre.* Ilustrado por Michael Grejniec. Traducido del alemán por Marinella Terzi. Madrid: Ediciones S.M., 1989. 26p. ISBN: 84-348-2728-X.

Walsh, Ellen Stoll. *Cuenta ratones.* Traducido por Gerardo Cabello. México: Fondo de Cultura Económica, 1992. 32p. ISBN: 968-16-3766-6.

Wilhelm, Hans. *Un chico valiente como yo.* Traducido por Pilar Garriga. Barcelona: Editorial Juventud, 1992. 30p. ISBN: 84-261-2658-8.

Wilkes, Angela y Rubí Borgia. *Mi primer libro de palabras en español.* New York: Dorling Kindersley, 1993. Distribuido por Houghton Mifflin, Boston. 64p. ISBN: 1-56458-262-0.

Zelinsky, Paul O. *El enano saltarín, cuento de los Hermanos Grimm.* Ilustrado por el autor. New York: Dutton, 1992. 38p. ISBN: 0-525-44903-5.

Zemach, Margot. *La gallinita roja: Un viejo cuento.* Traducido por Aída E. Marcuse. New York: Farrar, Straus & Giroux, 1992. 30p. ISBN: 0-374-34285-7.

Zemach, Margot. *Los tres deseos: un cuento viejo*. Ilustrado por la autora. Traducido por Aída E. Marcuse. New York: Farrar, Straus & Giroux, 1993. 30p. ISBN: 0-374-34662-3.

Colecciones Temáticas
Serie: ¡Asi Soy Yo! (Dutton)
¡A jugar! Fotos por Stephen Shott. (¡Asi Soy Yo!) New York: Dutton, 1992. 12p. ISBN: 0-525-44854-3.

La hora de la comida. Fotos por Stephen Shott. (¡Asi Soy Yo!) New York: Dutton, 1992. 12p. ISBN: 0-525-44855-1.

La hora del baño. Fotos por Stephen Shott. (¡Asi Soy Yo!) New York: Dutton, 1992. 12p. ISBN: 0-525-44857-8.

¡Mírame! Fotos por Stephen Shott. (¡Asi Soy Yo!) New York: Dutton, 1992. 12p. ISBN: 0-525-44853-5.

Serie: Colección Peque-Libros (Grafalco, S.A.)
Mi cuarto. (Colección Peque-Libros) Madrid: Grafalco, S.A., 1991. 12p. ISBN: 84-7773-396-1.

Seré pintor. (Colección Peque-Libros) Madrid: Grafalco, S.A., 1991. 12p. ISBN: 84-7773-393-7.

Soy pequeño y grande. (Colección Peque-Libros) Madrid: Grafalco, S.A., 1991. 12p. ISBN: 84-7773-394-5.

Todo es distinto. (Colección Peque-Libros) Madrid: Grafalco, S.A., 1991. 12p. ISBN: 84-7773-395-3.

Serie: Colección Recreo (Grafalco, S.A.)
Colores. (Colección Recreo) Madrid: Grafalco, S.A., 1991. 12p. ISBN: 84-7773-397-X.

Formas. (Colección Recreo) Madrid: Grafalco, S.A., 1991. 12p. ISBN: 84-7773-398-8.

Números. (Colección Recreo) Madrid: Grafalco, S.A., 1991. 12p. ISBN: 84-7773-399-6.

Serie: Libros de Concepto (Santillana)
Burningham, John. *Animales*. 1988. (Libros de Concepto) Madrid: Santillana. 27p. ISBN: 84-372-8026-5.

Burningham, John. *Colores*. 1988. (Libros de Concepto) Madrid: Santillana. 24p. ISBN: 84-372-8029-X.

El libro ilustrado   55

Burningham, John. *Contrarios*. 1988. (Libros de Concepto) Madrid: Santillana. 24p. ISBN: 84-372-8028-1.

Burningham, John. *1,2,3*. 1989. (Libros de Concepto) Madrid: Santillana. 24p. ISBN: 84-372-8027-3.

Serie: Luz y Sonidos Mágicos (Editorial Molino)

¿A dónde volamos hoy? (Luz y Sonidos Mágicos) Barcelona: Editorial Molino, 1991. 12p. ISBN: 84-272-7082-8.

¿A quién llamo? (Luz y Sonidos Mágicos) Barcelona: Editorial Molino, 1991. 12p. ISBN: 82-272-7081-X.

¡Llegan los bomberos! (Luz y Sonidos Mágicos) Barcelona: Editorial Molino, 1991. 12p. ISBN: 84-272-7083-6.

¡Ya viene la policía! (Luz y Sonidos Mágicos) Barcelona: Editorial Molino, 1991. 12p. ISBN: 84-272-7084-4.

Serie: Primeras Imágenes (Editorial Sigmar)

Colores. (Primeras Imágenes) Buenos Aires: Editorial Sigmar, 1992. 18p. ISBN: 950-11-0904-6.

Contando. (Primeras Imágenes) Buenos Aires: Editorial Sigmar, 1992. 18p. ISBN: 950-11-0903-8.

Formas. (Primeras Imágenes) Buenos Aires: Editorial Sigmar, 1992. 18p. ISBN: 950-11-0905-4.

Opuestos. (Primeras Imágenes) Buenos Aires: Editorial Sigmar, 1992. 18p. ISBN: 950-11-0906-2.

Tamaños. (Primeras Imágenes) Buenos Aires: Editorial Sigmar, 1992. 18p. ISBN: 950-11-0907-0.

Tocando. (Primeras Imágenes) Buenos Aires: Editorial Sigmar, 1992. 18p. ISBN: 950-11-0902-X.

Serie: Teo Descubre el Mundo (Editorial Timun Mas)

Denou, Violeta. *Teo en el hipermercado*. Ilustrado por la autora. (Teo Descubre el Mundo) Barcelona: Editorial Timun Mas, 1992. 28p. ISBN: 84-7722-942-2.

Denou, Violeta. *Teo juega en casa*. Ilustrado por la autora. (Teo Descubre el Mundo) Barcelona: Editorial Timun Mas, 1990. 28p. ISBN: 84-7722-599-0.

Denou, Violeta. *Teo y sus abuelos*. Ilustrado por la autora. (Teo Descubre el Mundo) Barcelona: Editorial Timun Mas, 1992. 28p. ISBN: 84-7722-743-8.

Para los lectores intermedios

Imaginario: Diccionario en imágenes para niños. Ilustrado por Gusti. Madrid: Ediciones S.M., 1992. 96p. ISBN: 84-348-3582-7.

Altman, Linda Jacobs. *El camino de Amelia*. Ilustrado por Enrique O. Sánchez. Traducido por Daniel Santacruz. New York: Lee & Low Books, 1993. 30p. ISBN: 1-880000-07-5.

Andersen, Hans Christian. *Los cuentos más bonitos*. Ilustrado por Michael Fiodorov. Traducido por Giovani Cantieri. Madrid: Plaza Joven, 1991. 98p. ISBN: 84-01-31328-7.

Bardot, Daniel. *Rosaura en bicicleta*. Ilustrado por Morella Fuenmayor. Caracas: Ediciones Ekaré-Banco del Libro, 1990. 24p. ISBN: 980-257-055-9.

Barklem, Jill. *Altas colinas*. Ilustrado por la autora. Traducido por Dolores Berenguer. (Villa Zarzal) Barcelona: Ediciones B, 1992. 30p. ISBN: 84-406-2744-0.

Barklem, Jill. *La escalera secreta*. Ilustrado por la autora. Traducido por Dolores Berenguer. (Villa Zarzal) Barcelona: Ediciones B, 1992. 30p. ISBN: 84-406-2743-2.

Bell, Clarisa. *El circo*. Ilustrado por José Ramón Sánchez. (Esto Es Divertidísimo) Los Angeles: Laredo, 1992. 24p. ISBN 1-56492-078X.

Bell, Clarisa. *En las olimpíadas*. Ilustrado por José Ramón Sánchez. (Esto Es Divertidísimo) Los Angeles: Laredo, 1992. 24p. ISBN 1-56492-051-8.

Bell, Clarisa. *El teatro*. Ilustrado por José Ramón Sánchez. (Esto Es Divertidísimo) Los Angeles: Laredo, 1992. 24p. ISBN 1-56492-056-9.

Bell, Clarisa. *Vamos a jugar*. Ilustrado por José Ramón Sánchez. (Esto Es Divertidísimo) Los Angeles: Laredo, 1992. 24p. ISBN 1-56492-048-8.

El libro ilustrado   57

Carvajal, Francisco. *El circo de Paco*. Ilustrado por Alfonso Ruano. Madrid: Ediciones S.M., 1989. 28p. ISBN: 84-348-25562.

Castañeda, Omar S. *El lapiz de abuela*. Ilustrado por Enrique O. Sánchez. Traducido por Aída E. Marcuse. New York: Lee & Low Books, 1993. 32p. ISBN: 1-880000-08-3.

Cole, Babette. *El libro tonto*. Traducido por Antoni Vicens. Barcelona: Ediciones Destino, 1992. 34p. ISBN: 84-233-2120-7.

Cole, Babette. *Los problemas con mi tío*. Traducido por Antoni Vicens. Barcelona: Ediciones Destino, 1992. 32p. ISBN: 84-233-2126-6.

Collodi, Carlo. *Las aventuras de Pinocho*. Ilustrado por Roberto Innocenti. Traducido por Augusto Martinez Torres. Madrid: Altea, 1988. 142p. ISBN: 84-372-6610-6.

Company, Mercé. *El caldero mágico*. Ilustrado por Agustí Asensio. (Nana Bunilda) Madrid: Ediciones S.M., 1991. 26p. ISBN: 84-348-3312-3.

Company, Mercé. *Comienza la aventura*. Ilustrado por Agustí Asensio. (Nana Bunilda) Madrid: Ediciones S.M., 1991. 26p. ISBN: 84-348-3243-7.

Company, Mercé. *La escoba de la bruja*. Ilustrado por Agustí Asensio. (Nana Bunilda) Madrid: Ediciones S.M., 1991. 26p. ISBN: 84-348-3244-5.

Company, Mercé. *¡Que viene el coco!* Ilustrado por Agustí Asensio. (Nana Bunilda) Madrid: Ediciones S.M., 1991. 26p. ISBN: 84-348-3313-1.

Cooney, Barbara. *La señorita Emilia*. Ilustrado por la autora. Traducido por Carmen Diana Dearden. Caracas: Ediciones Ekaré-Banco del Libro, 1992. 32p. ISBN: 980-257-110-5.

Corona, Sarah. *El misterio del tiempo robado*. Ilustrado por Martha Avilés. México: Consejo Nacional para la Cultura y las Artes, 1991. 26p. ISBN: 968-6465-16-2.

Ferro, Beatriz. *Ramiro*. Ilustrado por Clara Urquijo. Barcelona: Editorial Lumen, 1991. 28p. ISBN: 84-264-3651-X.

Grimm, Jacob y Wilhelm. *Cuentos de los hermanos Grimm*. Ilustrado por A. Archipowa. Traducido por Mª Victoria Martínez Vega. Madrid: Editorial Everest, 1988, 1989. 102p. ISBN: 84-241-5767-2.

Hastings, Selina. *Sir Gawain y la abominable dama*. Ilustrado por Juan Wyngaard. Traducido por Clara Ardenay. Madrid: Altea, Taurus, Alfaguara, 1988. 29p. ISBN: 84-372-6604-1.

Jeffers, Susan. *Hermano cielo, hermana águila*. Ilustrado por la autora. Traducido por Esteve Serra. Palma de Mallorca: José J. de Olañeta, Editor, 1993. 26p. ISBN: 84-7651-169-8.

Larreula, Enric. *La navidad de la bruja aburrida*. Ilustrado por Roser Capdevila. (Las Memorias de la Bruja Aburrida) Barcelona: Planeta, 1991. 28p. ISBN: 84-320-9577-X.

Mariesse. *El viaje de Tintinilla*. Ilustrado por Monique de Milly. Traducido por Isabel Vásquez. Barcelona: Editorial Labor, 1988. 30p. ISBN: 84-335-1036-3.

Martí, Isabel. *Guille está enfermo*. Ilustrado por Horacio Elena. (Juguemos con Guille) Barcelona: Editorial Timun Mas, 1993. 8p. ISBN: 84-7722-961-9.

Martin, C.L.G. *Tres mujeres valientes*. Ilustrado por Peter Elwell. Traducido por Alejandro Fernández Susial. Madrid: Editorial Everest, 1993. 32p. ISBN: 84-241-3340-4.

Mateos, Pilar. *Zapatones*. Ilustrado por Alfonso Ruano. Madrid: Ediciones S.M., 1988. 26p. ISBN: 84-348-2476-0.

McKee, David. *Elmer*. Traducido por María Puncel. Madrid: Altea, Taurus, Alfaguara, 1990. 32p. ISBN: 84-372-6614-9.

Moseley, Keith. *La puerta oculta*. Ilustrado por Andy Everitt-Stewart. Barcelona: Plaza & Janés Editores, 1991. 10p. ISBN: 84-01-31310-4.

Mück, Heike. *La ilustre fergona y otros cuentos clásicos*. Ilustrado por Guennadij Spirin. Traducido por Mª Victoria Martínez Vega. Madrid: Editorial Everest, 1988, 1989. 102p. ISBN: 84-241-5785-0.

Preussler, Otfried. *El cuento del unicornio*. Ilustrado por Guennadi Spirin. Traducido del alemán por Alberto Jiménez Rioja. Madrid: Grupo Anaya, 1992. 24p. ISBN: 84-207-4836-6.

Pullman, Philip. *Aladdin y la lámpara maravillosa*. Ilustrado por David Wyatt. Barcelona: Parramón Ediciones, 1993. 46p. ISBN: 84-342-1687-6.

Reviejo, Carlos. *Dragonalia*. Ilustrado por Luis de Horna. Vallodolid: Editorial Miñón, 1988. 94p. ISBN: 84-355-08463.

Schreiber-Wicke, Edith. *Piedrito*. Ilustrado por Monika Laimgruber. Traducido del alemán por Olga Ramos Martínez. Caracas: Editorial Garra, 1988. 24p. ISBN: 980-6000-382.

El libro ilustrado

Schubert, Ingrid y Dieter. *El monstruo de las fresas*. Barcelona: Editorial Lumen, 1989. 24p. ISBN: Inaccesible.

Seuss, Dr. *El Lórax*. Traducido por Aída E. Marcuse. New York: Lectorum, 1993. 64p. ISBN: 1-880507-04-8.

Solé Vendrell, Carme. *La roca*. Ilustrado por la autora. Madrid: Ediciones S.M., 1990. 29p. ISBN: 84-348-3268-2.

Solís, Valerie (Silka). *Barnaby y los fantasmas*. Ilustrado por la autora. Barcelona: Editorial Juventud, 1988. 28p. ISBN: 84-261-2355-4.

Steig, William. *La isla de Abel*. Traducido por María Luisa Balseiro. New York: Mirasol/Farrar, Straus & Giroux, 1992. 125p. ISBN: 0-374-34286-5.

Suárez, Maribel. *Miguel y el pastel*. Ilustrado por la autora. México: Editorial Grijalbo, 1992. 22p. ISBN: 970-05-0148-5.

Thomas, Valerie. *La bruja Gertrudis*. Ilustrado por Korky Paul. Traducido por Néstor Busquets. Barcelona: Editorial Lumen, 1992. 26p. ISBN: 84-264-3665-X.

Colecciones Temáticas
Serie: Colección Así Vivimos (Ediciones Ekaré-Banco del Libro)

Canal Ramírez, Gonzalo. *El robo de las aes*. Adaptado por Germán Ramos. Ilustrado por Peli. (Colección Así Vivimos) Caracas: Ediciones Ekaré-Banco del Libro, 1984. 48p. ISBN: 84-8351-031-6.

Jusayú, Miguel Angel. *Ni era vaca ni era caballo*. Ilustrado por Monika Doppert. (Colección Así Vivimos) Caracas: Ediciones Ekaré-Banco del Libro, 1984. 48p. ISBN: 84-8351-032-4.

Para los adolescentes

Fernández Gutiérrez, José María. *Gustavo Adolfo Bécquer y los niños*. Ilustrado por José Ruiz Navarro. Madrid: Editorial Everest, 1989. 61p. ISBN: 84-241-5397-9.

García Lorca, Federico. *Canciones y poemas para niños.* Ilustrado por Daniel Zarza. Barcelona: Editorial Labor, 1990. 94p. ISBN: 84-335-8401-4.

García Lorca, Federico. *Poemas.* Madrid: Montena, 1987. 126p. ISBN: 84-397-1190-5.

Vega Domínguez, Teodoro de. *Gerardo Diego y los niños.* Ilustrado por José Ruiz Navarro. (Y Los Niños) Madrid: Editorial Everest, 1989. 93p. ISBN: 84-241-5497-5.

6 La literatura tradicional

Los estudiosos sobre el tema encuentran que los cuentos y leyendas de los diversos pueblos tienen muchas semejanzas, no sólo en los rasgos pequeños, sino también en las situaciones, los personajes y la estructura misma del relato. La similitud entre los cuentos populares de regiones muy distantes pueden explicarse por un origen común de los pueblos, por una transmisión oral muy antigua o quizá por ser la expresión de ciertas ideas universales que surgen en todas las culturas. Los temas pueden ser explícitos pero tienden a no ser didácticos ni a predicar. Frecuentemente la bondad conquista a la maldad en una breve batalla y el cuento termina con una posición optimista. La victoria justa es posible y la justicia es absoluta. Incluimos en este capítulo las fábulas, los mitos y las leyendas como manifestaciones de la literatura tradicional.

La fábula

El término "fábula" sirve para designar la narración sobre animales con objetivo didáctico. La narración busca prevenirnos para que no actuemos de una forma que según ésta, sería perjudicial para nosotros. La brevedad del cuento, las características limitadas de los pocos personajes, el conflicto claro e inmediato y el estilo directo, favorecen el mensaje y la moraleja. La concentración temática y la unilateralidad de los personajes hacen de la fábula una herramienta pedagógica muy usual en la enseñanza, sin embargo, su valor es limitado para la educación artística.

Los mitos

Los mitos son cuentos que se originan en las creencias populares de las distintas culturas. Estas narraciones también pertenecen a la tradición oral de los pueblos, con todas las variantes que ello implica.

Se narran los mitos como hechos únicos y su final es generalmente trágico. Estas historias pretenden ser modelos de comportamiento social por lo que son el producto del consenso de muchas personas y de toda una cultura. Los héroes míticos son de naturaleza sobrenatural lo cual aligera la exigencia implícita de emular en todo al héroe.

Los mitos pueden proporcionar una experiencia catártica si el lector se pregunta sobre el motivo de su reacción emocional. El joven lector puede llegar a clarificar sus ideas y sentimientos y así aliviar ciertas tensiones internas si está profundamente conmovido por el mito y al mismo tiempo está intelectualmente motivado para comprenderlo.

Los mitos interpretan los fenómenos naturales y los sociales ya que explican las relaciones del hombre con el hombre, con la naturaleza y con el sentido de la vida. En las culturas prehispánicas se encuentran inumerables mitos sobre el origen del hombre, del universo, de los animales, las montañas, las legumbres, etc. que ofrecen un hermoso colorido al mundo que nos rodea cotidianamente.

Leyendas

Finalmente, las leyendas son similares a los mitos pero generalmente presentan más información histórica. Las leyendas de guerras, de héroes nacionales, de calles y monumentos acumulan una combinación de hechos auténticos y detalles fantásticos que apasionan a sus lectores.

La literatura tradicional

Recomendaciones:

1. En la lectura de los cuentos tradicionales promueva que el joven se concientice de los cambios y de las continuidades que ha sufrido nuestra lengua y nuestra cultura a través del tiempo.

2. Desarrolle en el joven la capacidad de pensar libremente mediante la discusión de la lectura tradicional. Promueva que el joven descubra que somos herederos de una cultura y la importancia de enriquecerla, de modificarla y quizás, en algunos momentos, de rechazarla.

3. Estimule en los jóvenes lectores la adquisición del sentido de perspectiva ayudándoles a que comparen tiempos, ideologías, estilos, etcétera, de la literatura tradicional.

Tema de discusión:

¿Los cuentos tradicionales, han pasado de moda o son aún pertinentes?

Actividades:

1. Seleccione un juego popular como lo puede ser "Juán Pirulero" o un cuento tradicional sencillo y prepárelo en tabla de fieltro.

2. Escoja un cuento tradicional cuya acción rápida resulte apropiada para una pantomima.

3. Seleccione un cuento de la literatura tradicional y permita que los niños/jóvenes interpreten el cuento mediante el empleo de pinturas, gises, crayones o dramatizaciones creativas.

Bibliografía
La literatura tradicional

◆

Para los más pequeños

Estaba el señor don Gato. (Canciones Tradicionales para Cantar y Contar) Ilustrado por Carmen Salvador. Caracas: Ediciones Ekaré, 1993. 22p. ISBN: 980-257-134-2.

Los cazadores de miel: un cuento tradicional de Africa. Ilustrado por Francesca Martin. Traducido por Elena Iribarren. Caracas: Ediciones Ekaré, 1992. 26p. ISBN: 980-257-103-22.

Castrillón, Silvia. *Cúcuru mácara: tradición oral.* Ilustrado por Alekos. Bogotá: Norma, 1987. 46p. ISBN: 958-0402-72-8.

Cohen, Caron Lee. *El poni de barro: un cuento tradicional Skidi Pawnee.* Ilustrado por Shonto Begay. Traducido por Teresa Mlawer. New York: Scholastic, 1992. 32p. ISBN: 0-590-46341-1.

Delacre, Lulu, editora. *Arroz con leche: Popular Songs and Rhymes from Latin America.* Ilustrado por la autora. Música: Ana-María Rosado. New York: Scholastic, 1989. 32p. ISBN: 0590-41887-4.

dePaola, Tomie. *La leyenda de la flor "El Conejo".* Traducido por Clarita Kohen. New York: G.P. Putnam's Sons, 1993. 30p. ISBN: 0-399-20937-9.

dePaola, Tomie. *La leyenda de la flor de Nochebuena.* Ilustrado por el autor. New York: G.P. Putnam's Sons, 1994. 30p. ISBN: 0-399-22789-X.

dePaola, Tomie. *La leyenda del pincel indio.* Ilustrado por el autor. Traducido por Clarita Kohen. New York: G.P. Putnam's Sons, 1993. 38p. ISBN: 0-399-21534-4.

dePaola, Tomie. *Strega Nona.* León: Everest, 1994. 32p. ISBN: 84-241-3349-8.

González, Lucía M. *The Bossy Gallito/El gallo de bodas: A Traditional Cuban Folktale*. Ilustrado por Lulu Delacre. New York: Scholastic, 1994. 28p. ISBN: 0-590-46843-X.

González, Lucía M. *El gallo de bodas*. Ilustrado por Lulu Delacre. New York: Scholastic, 1994. 28p. ISBN: 0-590-46843-X.

Hall, Nancy Abraham y Jill Syverson-Stork. *Los pollitos dicen: Juegos, rimas y canciones infantiles de países de habla hispana*. Ilustrado por Kay Chorao. Boston: Little, Brown, 1994. 32p. ISBN: 0-316-34010-3.

Jaramillo, Nelly Palacio, editora. *Grandmother's Nursery Rhymes: Lullabies, Tongue Twisters, and Riddles from South America/Las nanas de abuelita: Canciones de cuna trabalenguas y adivinanzas de Suramérica*. Ilustrado por Elivia. New York: Henry Holt, 1994. 30p. ISBN: 0-8050-2555-3.

Jiménez, Olga Lucía. *Ronda que ronda la ronda: juegos y cantos infantiles de Colombia*. Bogotá: Tres Culturas Editores, 1988. 139p. ISBN: 958-9090-005.

Kellogg, Steven. *Paul Bunyan: Un cuento fantástico*. Ilustrado por el autor. Traducido por Aída E. Marcuse. New York: Morrow/Mulberry, 1994. 40p. ISBN: 0-688-13202-2.

Langley, Jonathan. *Los tres chivos Malaspulgas*. Ilustrado por el autor. Barcelona: Ediciones Junior, 1992. 24p. ISBN: 84-7419-941-7.

Macsolis. *Baile de luna*. Ilustrado por el autor. Barcelona: Editorial Juventud, 1991. 30p. ISBN: 84-261-2583-2.

Mosel, Arlene. *Tikki, Tikki, Tembo*. Ilustrado por Blair Lent. Traducido por Liwayway Alonso. New York: Lectorum, 1994. 44p. ISBN: 1-880507-13-7.

Orozco, José-Luis. *De Colores and Other Latin-American Folk Songs*. Ilustrado por Elisa Kleven. New York: Dutton, 1994. 56p. ISBN: 0-525-45260-5.

Pitre, Félix. *Paco y la bruja: Cuento popular puertorriqueño*. Ilustrado por Christy Hale. Traducido por Osvaldo Blanco. New York: Dutton/Lodestar, 1995. 32p. ISBN: 0-525-67514-0.

Schon, Isabel. *Doña Blanca*. Minneapolis: T.S. Denison, 1983. 41p. ISBN: 0-513-01768-2.

Veray, Amaury. *Villancico Yaucano*. Ilustrado por Iván Camilli. Río Piedras: Editorial de la Universidad de Puerto Rico, 1992. 26p. ISBN: 0-8477-2506-5.

Para los lectores intermedios

Ensalada de animales. Ilustrado por Ivar Da Coll. Bogotá: Editorial Norma, 1988. 24p. ISBN: Inaccesible.

¿No será puro cuento...? (Fomento Cultural) México: Consejo Nacional de Fomento Educativo, 1991. 82p. ISBN: 968-29-3725-6.

Once cuentos maravillosos. Ilustrado por María Fernanda Oliver y otros. Caracas: Ediciones Ekaré-Banco del Libro, 1990. 95p. ISBN: 980-257-075-3.

El piojo y la pulga se quieren casar. Ilustrado por Alberto Urdiales. (Cinco Lobitos) Madrid: Ciclo, 1989. 28p. ISBN: 84-87430-22-8.

Aliki. *La historia de Johnny Appleseed.* Ilustrado por la autora. Traducido por Teresa Mlawer. New York: Lectorum, 1992. 32p. ISBN: 0-9625162-6-0.

Baden, Robert. *Y domingo, siete.* Ilustrado por Michelle Edwards. Traducido por Alma Flor Ada. Niles, IL: Albert Whitman, 1990. 36p. ISBN: 0-8075-9355-9.

Belpré, Pura. *Pérez y Martina: un cuento folklórico puertorriqueño.* Ilustrado por Carlos Sánchez. New York: Viking, 1991. 62p. ISBN: 0-670-84167-6.

Benesová, Alena. *Fábulas y cuentos de animales.* Ilustrado por Karel Fanta. Traducido del checoslovako por Catalina Martinez Muñoz. Madrid: Editorial Susaeta, 1990. 208p. ISBN: 84-305-1741-3.

Bennett, Beatriz. *¡A bailar!* (Colección Piñata, Serie: Las Artes) Ilustrado por Manuel Bennett. México: Editorial Patria, 1991. 32p. ISBN: 968-39-0597-8.

Beuchat, Cecilia y Mabel Condemarin. *A ver, a ver, ¿vamos a leer?* Ilustrado por Susana Campillo. Santiago: Editorial Universitaria, 1989. 64p. ISBN: 956-11-0717-0.

Castrillón, Silvia. *Cúcuru mácara: tradición oral.* Ilustrado por Alekos. Bogotá: Editorial Norma, 1987. 46p. ISBN: 958-0402-72-8.

Dorros, Arthur. *Por fin es carnaval.* Ilustrado por Miembros del Club de Madres Virgen del Carmen de Lima, Perú. Traducido por Sandra

Marulanda Dorros. New York: Penguin/Puffin Warne, 1995. 32p. ISBN: 0-14-055471-8.

Dupré, Judith. *La boda de la ratoncita: Una leyenda maya.* Ilustrado por Fabricio Vanden Broeck. Traducido por Carlos Ruvalcaba. Miami, FL: Santillana, 1995. 32p. ISBN: 1-56014-583-8.

Gómez Benet, Nuria. *Pepenar palabras: Nahuatlismos.* Ilustrado por Fabricio Vanden Broeck. (Colección Piñata Serie: Cuentos, leyendas y tradiciones) México: Patria, 1992. 31p. ISBN: 968-39-0640-0.

Grimm, Jakob y Wilhelm. *Hansel y Gretel.* Ilustrado por Mariluz Diego. Adaptado por Francesc Sales. Barcelona: Ediciones Hymsa, 1987. 24p. ISBN: 84-7183-424-3.

Hayes, Sarah. *La bella durmiente y otros cuentos.* Ilustrado por Gill Tomblin. Traducido por María Puncel. (Cuéntame un cuento) Madrid: Ediciones Altea, 1986. 34p. ISBN: 84-372-8010-9.

Hayes, Sarah. *La bella y la bestia y otros cuentos.* Ilustrado por David Scott. Traducido por María Puncel. (Cuéntame un cuento) Madrid: Ediciones Altea, 1986. 34p. ISBN: 84-372-8008-7.

Hayes, Sarah. *Blancanieves y los siete enanitos y otros cuentos.* Ilustrado por Caroline Antsey. Traducido por María Puncel. (Cuéntame un cuento) Madrid: Ediciones Altea, 1986. 34p. ISBN: 84-372-8053-2.

Hayes, Sarah. *Caperucita roja y otros cuentos.* Ilustrado por Gerrard Melvor. Traducido por María Puncel. (Cuéntame un cuento) Madrid: Ediciones Altea, 1986. 34p. ISBN: 84-372-8013-2.

Hayes, Sarah. *La casita de turrón y otros cuentos.* Ilustrado por Colin Hadley. Traducido por María Puncel. (Cuéntame un cuento) Madrid: Ediciones Altea, 1986. 34p. ISBN: 84-372-8011-7.

Hayes, Sarah. *Cenicienta y otros cuentos.* Ilustrado por Gill Tomblin. Traducido por María Puncel. (Cuéntame un cuento) Madrid: Ediciones Altea, 1986. 34p. ISBN: 84-372-8055-9.

Hayes, Sarah. *El gato con botas y otros cuentos.* Ilustrado por David Scott. Traducido por María Puncel. (Cuéntame un cuento) Madrid: Ediciones Altea, 1986. 34p. ISBN: 84-372-8012-5.

Hayes, Sarah. *El libro de las brujas.* Ilustrado por David Scott. Traducido por María Puncel. (Cuéntame un cuento) Madrid: Ediciones Altea, 1986. 34p. ISBN: 84-372-8052-4.

Hayes, Sarah. *El libro de los animales fabulosos*. Ilustrado por Gerrard McIvor. Traducido por María Puncel. (Cuéntame un cuento) Madrid: Ediciones Altea, 1986. 34p. ISBN: 84-372-8051-6.

Hayes, Sarah. *El libro de los gigantes*. Ilustrado por Chris Riddell. Traducido por María Puncel. (Cuéntame un cuento) Madrid: Ediciones Altea, 1986. 34p. ISBN: 84-372-8050-8.

Hayes, Sarah. *Los tres cerditos y otros cuentos*. Ilustrado por Colin Hadley. Traducido por María Puncel. (Cuéntame un cuento) Madrid: Ediciones Altea, 1986. 34p. ISBN: 84-372-8054-0.

Knappert, Jan. *Reyes, dioses y espíritus de la mitología africana*. Ilustrado por Francesca Pelizzoli. Traducido por Juan Manuel Ibeas. Madrid: E.G. Anaya, 1988. 92p. ISBN: 84-7525-457-8.

Langley, Jonathan. *Ricitos de oro y los tres osos*. Ilustrado por el autor. Traducido del inglés por Alfred Sala. Barcelona: Ediciones Junior, 1991. 24p. ISBN: 84-7419-916-6.

Langley, Jonathan. *Rumplestiltskin, el enano saltarín*. Ilustrado por el autor. Traducido del inglés por Alfred Sala. Barcelona: Ediciones Junior, 1991. 24p. ISBN: 84-7419-918-2.

Lippert, Margaret H. *La hija de la serpiente: Leyenda brasileña*. Ilustrado por Felipe Dávalos. (Leyendas del Mundo) Traducido por Argentina Palacios. Mahwah, NJ: Troll, 1993. 32p. ISBN: 0-8167-3053-9.

Mike, Jan M. *La zarigüeya y el gran creador de [sic] fuego: Leyenda mexicana*. Ilustrado por Charles Reasoner. (Leyendas del Mundo) Traducido por Argentina Palacios. Mahwah, NJ: Troll, 1993. 32p. ISBN: 0-8167-3055-5.

Mohr, Nicholasa y Antonio Martorell. *La canción del coquí y otros cuentos de Puerto Rico*. New York: Viking, 1995. 42p. ISBN: 0-670-862-96-7.

Molina, Silvia. *Los tres corazones: Leyendas totonacas de la creación*. Ilustrado por Maribel Suárez. México: Ediciones Corunda, 1992. 32p. ISBN: 968-6044-49-3.

Palacios, Argentina. *El rey colibrí: Leyenda Guatemalteca*. Ilustrado por Felipe Davalos. (Leyendas del Mundo) Traducido por Argentina Palacios. Mahwah, NJ: Troll, 1993. 32p. ISBN: 0-8167-3051-2.

Palacios, Argentina. *El secreto de la llama: Leyenda peruana*. Ilustrado por Charles Reasoner. (Leyendas del Mundo) Traducido por Argentina Palacios. Mahwah, NJ: Troll, 1993. 32p. ISBN: 0-8167-3049-0.

Ramírez, Arnulfo G. y otros. *Adivinanzas Nahuas de ayer y hoy*. Ilustrado por Cleofas Ramírez Celestino. México: Instituto Nacional Indigenista, 1992. 89p. ISBN: 968-496-223-1.

Rivero Oramas, Rafael. *El mundo de tío conejo*. Ilustrado por Alicia Ulloa. Caracas: Ediciones Ekaré-Banco del Libro, 1985. 111p. ISBN: 980-257-007-9.

Roldán, Laura. *Cuentos de noroeste*. Ilustrado por Delia Contarbio. (Cuentos de mi País) Buenos Aires: Ediciones Culturales Argentinas, 1990. 58p. ISBN: 950-36-0120-7.

Ruiz, Ernesto. *Encuéntrame: Fiestas populares venezolanas*. Ilustrado por Kees Verkaik. Caracas: Ediciones Ekaré, 1993. 24p. ISBN: 980-257-115-6.

Schvartzman, Julio. *Cuentos del Quirpuincho*. Ilustrado por Delia Contarbio. (Cuentos de mi País) Buenos Aires: Ediciones Culturales Argentinas, 1990. 58p. ISBN: 950-36-0119-2.

Silveyra, Carlos. *Advinanzas para mirar en el espejo*. Ilustrado por Mia Resta. Buenos Aires: Coquena Grupo Editor, 1989. 47p. ISBN: 950-9732-99-0.

Urteaga, Luis. *Fábulas del otorongo, el oso hormiguero y otros animales de la Amazonía*. Ilustrado por Gredna Landolt. Lima: Ediciones Peisa, 1992. 36p. ISBN: Inaccesible.

Valeri, M. Eulàlia. *El pez de oro*. Ilustrado por Francesc Infante. Traducido por José A. Pastor Cañada. Barcelona: La Galera, 1994. 24p. ISBN: 84-246-1938-2.

Walsh, María Elena. *Versos tradicionales para cebollitas*. Buenos Aires: Sudamericana, 1991. 139p. ISBN: 950-0701-48-0.

Para los adolescentes

Cien cuentos populares españoles. Seleccionados por José A. Sánchez Pérez. Palma de Mallorca: José J. de Olañeta, Editor, 1992. 219p. ISBN: 84-7651-061-6.

Cuentos de la Mujer Araña: Leyendas de los indios hopis. Seleccionado por G.M. Mullett. Traducido por Ángela Pérez. (Érase una vez . . .) Palma de Mallorca: José J. de Olañeta, 1994. 110p. ISBN: 84-7651-213-9.

Bravo-Villasante, Carmen, editora. *El libro de los trabalenguas.* Madrid: Montena, 1987. 125p. ISBN: 84-397-1189-1.

Cerezales, Agustín, Silvia y Manuel. *La cólera de Aquiles.* (El Sendero de los Mitos) Madrid: Grupo Anaya, S.A., 1993. 31p. ISBN: 84-207-4935-4.

Cerezales, Agustín, Silvia y Manuel. *El regreso de Ulises.* (El Sendero de los Mitos) Madrid: Grupo Anaya, S.A., 1993. 31p. ISBN: 84-207-4936-2.

Cerezales, Agustín, Silvia y Manuel. *Los trabajos de Hércules.* (El Sendero de los Mitos) Madrid: Grupo Anaya, S.A., 1993. 31p. ISBN: 84-207-4934-6.

Coluccio, Félix y Marta Isabel Coluccio. *Cuentos de Pedro Urdemales.* Ilustrado por Smuchi. Buenos Aires: Editorial Plus Ultra, 1987. 95p. ISBN: 950-21-0931-7.

Corona, Pascuala. *El pozo de los ratones y otros cuentos al calor del fogón.* Ilustrado por Blanca Dorantes. México: Fondo de Cultura Económica, 1991. 97p. ISBN: 968-16-3664-3.

García Giraldo, Alfredo. *Érase una vez entre los Chibchas.* Bogotá: Carlos Valencia Editores, 1984. 84p. ISBN: 958-9044-00-X.

Gómez Benet, Nuria. *Pepenar palabras: Nahuatlismos.* Ilustrado por Fabricio Vanden Broeck. (Colección Piñata Serie: Cuentos, leyendas y tradiciones) México: Editorial Patria, 1992. 31p. ISBN: 968-39-0640-0.

Hernúñez, Pollux. *Mitos, héroes y monstruos de la España antigua.* Ilustrado por Eusebio Sanblanco y Ma. Teresa Sarto. Madrid: Grupo Anaya, 1988. 148p. ISBN: 84-7525-496-9.

Husain, Shahrukh. *Demonios, dioses y santones de los mitos y leyendas de la India.* Ilustrado por Durga Prasad Das. Traducido por Juan Manual Ibeas. Madrid: Grupo Anaya, 1989. 132p. ISBN: 84-207-3310-5.

Wilkinson, Philip. *Enciclopedia de lugares misteriosos: Costumbres y leyendas de antiguos emplazamientos del mundo entero.* Ilustrado por Robert Ingpen. Traducido por María Duarte. Madrid: Grupo Anaya, 1992. 255p. ISBN: 84-207-4508-1.

7 La fantasía

La fantasía en la literatura exige a su interlocutor que se aleje de su mundo cotidiano. El cuento fantástico requiere como primera condición que el receptor, por su propio gusto, suspenda su incredulidad y se entregue a un espacio que sólo existe dentro de los límites de dicho cuento.

Pero al definir literatura fantástica nos topamos con dificultades: ¿Es fantástico por la naturaleza de sus personajes? ¿Por sus temas? ¿Porque no es real? ¿Es irreal todo lo que proviene de la imaginación del autor? ¿La literatura realista, no tiene elementos de fantasía? Si consideramos que los sueños, los deseos, los sentimientos, aunque no sean tangibles, son también reales, el problema de la definición se complica. Los cuentos fantásticos son finalmente portadores de fantasías muy reales, o en otras palabras, son traducciones de una realidad fantástica del joven.

Consideramos fantástico al cuento que materializa el mundo interno de deseos y pasiones de los jóvenes. Más que en la especificidad de los personajes o temas, los cuentos fantásticos se distinguen porque el mundo tangible y el onírico se confunden en una extraña realidad. De una forma provisional entendemos por cuento fantástico el que por su temática, por su estilo, por sus personajes o por todo este conjunto, nos introduce a un mundo diferente del que percibimos comunmente y, que por pertenecer a este extraño espacio, es susceptible a ser leído de infinitas maneras. El cuento fantástico, más que ningún otro, posibilita lecturas múltiples y sucesivas.

Presentamos como muestras de la literatura fantástica, los Cuentos de Hadas y de Ciencia Ficción.

Cuentos de hadas

Había una vez... nos sitúa en la puerta de entrada al Cuento de Hadas. Estos cuentos son siempre de "otros tiempos", suceden en un pasado indeterminado. Entre sus atributos constantes están los personajes: reyes, princesas, príncipes, animales, hadas y brujas, que tienen ciertas funciones que realizar. Son personajes que no tienen profundidad por sí mismos, sino que son una especie de moldes que llevan a cabo ciertas acciones que son, según Propp, constantes. Esta lista de funciones que a continuación reproducimos es limitada y se repite en ese orden en todos los cuentos de este género. Es posible que se eviten algunas funciones pero la sucesión es siempre idéntica.

1. Un miembro de la familia se va de casa.
2. Al héroe se le hace una prohibición.
3. La prohibición es transgredida.
4. El villano trata de obtener información.
5. El villano recibe información.
6. El villano pone una trampa al héroe.
7. La víctima cae en la trampa y aparece como cómplice a pesar suyo.
8. El villano causa daño a un miembro de la familia.
9. La noticia del daño se divulga y se solicita la ayuda del héroe.
10. El héroe consiente en ayudar.
11. El héroe parte.
12. El héroe pasa una prueba impuesta por el donador de un objeto mágico que le auxiliará.
13. El héroe actúa.
14. El objeto mágico es puesto a la disposición del héroe.
15. El héroe es trasladado al lugar que busca.
16. El héroe y el villano se enfrentan.
17. El héroe recibe una marca.

La fantasía

18. El villano es vencido.
19. El daño inicial es reparado.
20. El héroe regresa.
21. El héroe es perseguido.
22. El héroe se salva.
23. El héroe regresa incógnito.
24. Un héroe falso miente.
25. Al héroe se le impone una tarea difícil.
26. El héroe ejecuta la tarea.
27. El héroe es vencido.
28. El héroe falso, o el villano, es desenmascarado.
29. El héroe recibe una apariencia diferente.
30. El héroe falso o el villano es castigado.
31. El héroe se casa y sube al trono.

Estas unidades aparecen en diversas combinaciones y siempre terminan en un final feliz. El desenlace feliz no trata de engañar al niño, haciéndole creer que puede vivir eternamente, sino que coincide y satisface los sentimientos de miedo y angustia que tiene el niño al crecer e independizarse de sus padres.

Los personajes de los cuentos de hadas son completamente buenos o perfectamente malos. Bettelheim encuentra que la falta de ambivalencia en los personajes tiene por objeto ayudar al lector joven a comprender más fácilmente el cuento, ya que su madurez no le permite aún comprender toda la complejidad que caracteriza a los seres humanos reales. Cuando el niño escucha el cuento se identifica con el personaje bueno, pero no por su bondad, sino por que es el héroe de la narración; al desear parecerse al héroe puede también decidir ser bueno. Más que una moraleja, donde el bueno es premiado, el cuento de hadas expresa la seguridad de que el hombre es capaz de salir adelante, dominar las dificultades y triunfar. El cuento de hadas brinda al niño significados a diferentes niveles y enriquece así su existencia.

Estos cuentos tienen su origen en la tradición oral, por lo que favorecen la acción y la descripción rápida del personaje con recursos metafóricos: "Tan blanca como la nieve, con labios tan rojos como la sangre y pelo tan negro como la madera de esta ventana", "tan pequeño como un dedo gordo". Muchas veces incluye versos y canciconcillas que se trasmiten, con variaciones, del lector al escucha: "¿Qué hacen mis invitados?–Ya están acostados–¿Y qué hace mi niñito?– Duerme como un bendito–."

Ciencia ficción

Los cuentos de ciencia ficción son un tipo de fantasía que subraya las leyes científicas y los inventos técnicos, sus alcances y limitaciones. Se utilizan atmósferas de credibilidad científica para especular y filosofar sobre el tiempo, el espacio y la humanidad. Los jóvenes, y recientemente hasta los más pequeños, disfrutan con los cuentos que tienen lugar en el espacio, que hablan sobre los planetas y la exploración de universos desconocidos. El peligro y la aventura se acompañan ahora de la ciencia y las tecnologías.

Los temas de la ciencia ficción giran muchas veces en torno a la sociedad, al hombre y a su sobrevivencia. Se hacen personificaciones extravagantes y muchas veces humorísticas de las máquinas, las computadoras y los objetos de la vida cotidiana. Los "objetos mágicos" aparecen también en forma de artículos y juguetes extraños de otros planetas y épocas del futuro. Los robots o formas modernas de muñecos están ligados desde la antigüedad a la infancia. La ambigüedad de la relación creador/criatura tendrá un desarrollo especial en la ciencia ficción.

El tiempo y sus alteraciones es tema recurrente: máquinas para viajar en el tiempo, situaciones donde el paso del tiempo se congela, y la inmortalidad. Para lograr el interés del lector, éste debe encontrar en la lógica y la coherencia de la ciencia ficción, por más inverosímil que sea el relato, una cierta esencia del hombre, del ser humano, que le permita observarse como en un espejo y se vean traducidas sus necesidades, deseos y angustias. Si bien esperamos que el narrador del cuento de ciencia ficción nos desarraigue de nuestro entorno habitual, también debe conservar ciertas referencias humanas. Los extraterrestres, por ejemplo, podrán ser físicamente todo lo insólito que el autor imagine, pero deberán tener algunos soportes que nos permitan entablar un diálogo.

En la ciencia ficción de mala calidad, los personajes están comprometidos con el proceso científico y se encuentran dirigidos exclusiva-

La fantasía

mente por el intelecto. La literatura fantástica moderna, nacida de sueños sobre la ciencia y la técnica, adquiere hoy un lugar cada vez más importante en la literatura así como en el cine y la televisión. Es también de notar que este subgénero, como ningún otro, genera posiciones encontradas entre los lectores que aman y aquellos que detestan la ciencia ficción.

Recomendaciones:

1. Ejercite la imaginación de los jóvenes ofreciéndoles universos de fantasía que agreguen riqueza y profundidad al mundo cotidiano en el que viven.
2. Aliente al joven lector de ficción a descubrir su pertenencia a una cultura en perpetuo devenir.

Tema de discusión:

Autores de literatura fantástica para jóvenes ¿Genios o explotadores de la miseria humana?

Actividades:

1. Comparta una selección de fantasías modernas que se presten a la interpretación artística. Aliente a los niños/jóvenes a que descubran su propia interpretación artística mediante murales, relieves, collages, montajes, mosaicos, papel o diorama. ¿Cómo decidieron los diversos niños/adolescentes interpretar la historia? ¿Interactuaron con la escena, los personajes o la trama?
2. Escoja un libro de ciencia ficción y desarrolle un plan detallado para compartir el libro con los jóvenes. Incluya discusiones, preguntas, acitividades que se relacionen con la ciencia, dramatizaciones creativas, interpretaciones artísticas.

Bibliografía
La fantasía

Para los más pequeños

Browne, Anthony. *Cambios*. Ilustrado por el autor. Traducido por Carmen Esteva. México: Fondo de Cultura Económica, 1993. 32p. ISBN: 968–16–4270–8.

Browne, Anthony. *Cosas que me gustan*. Traducido por Carmen Esteva. (Los Especiales) México: Fondo de Cultura Económica, 1992. 20p. ISBN: 968–16–3779–8.

Browne, Anthony. *Me gustan los libros*. Traducido por Carmen Esteva. (Los Especiales) México: Fondo de Cultura Económica, 1992. 20p. ISBN: 968–16–3780–1.

Krauss, Ruth. *Un día feliz*. Ilustrado por Marc Simont. Traducido por María A. Fiol. New York: HarperCollins, 1995. 30p. ISBN: 0–06–025450–5.

Levinson, Riki. *Mira cómo salen las estrellas*. Ilustrado por Diane Goode. Traducido por Juan Ramón Azaola. New York: Penguin/Puffin Unicorn, 1995. 32p. ISBN: 0–14–055505–6.

Maclean, Colin y Moira. *¡Arriba! ¡Arriba!* Ilustrado por los autores. Traducido por Araceli Ramos. (Cuentos Activos) Bilbao: Publicaciones Fhersal, 1994. 22p. ISBN: 84–243–3206–7.

Maclean, Colin y Moira. *¿Quién se ha perdido?* Ilustrado por los autores. Traducido por Araceli Ramos. (Cuentos Activos) Bilbao: Publicaciones Fhersal, 1994. 22p. ISBN: 84–243–3208–3.

Maclean, Colin y Moira. *¡Sorpresa! ¡Sorpresa!* Ilustrado por los autores. Traducido por Araceli Ramos. (Cuentos Activos) Bilbao: Publicaciones Fhersal, 1994. 22p. ISBN: 84–243–3207–5.

La fantasía

Moser, Erwin. *Koko y Kiri*. Ilustrado por el autor. Traducido del alemán por Carmen Bas and Marinella Terzi. Madrid: Ediciones SM, 1994. 59p. ISBN: 84-348-4295-5.

Moser, Erwin. *Koko y el pájaro blanco*. Ilustrado por el autor. Traducido del alemán por Carmen Bas and Marinella Terzi. Madrid: Ediciones SM, 1994. 59p. ISBN: 84-348-4294-7.

Moser, Erwin. *Koko y el paraguas mágico*. Ilustrado por el autor. Traducido del alemán por Carmen Bas and Marinella Terzi. Madrid: Ediciones SM, 1994. 59p. ISBN: 84-348-4293-9.

Moser, Erwin. *Osos y ratones*. Ilustrado por el autor. Traducido del alemán por Carmen Bas and Marinella Terzi. Madrid: Ediciones SM, 1994. 59p. ISBN: 84-348-4296-3.

Ness, Evaline. *Sam, Bangs y hechizo de luna*. Ilustrado por la autora. Traducido por Liwayway Alonso. New York: Lectorum, 1994. 34p. ISBN: 1-880507-12-9.

Numeroff, Laura Joffe. *Si le das una galletita a un ratón*. Ilustrado por Felicia Bond. Traducido por Teresa Mlawer. New York: HarperCollins, 1995. 32p. ISBN: 0-06-025438-6.

Oram, Hiawyn. *Alex quiere un dinosaurio*. Ilustrado por Satoshi Kitamura. México: Fondo de Cultura Económica, 1993. 26p. ISBN: 968-16-4114-0.

Reid, Margarette S. *La caja de los botones*. Ilustrado por Sarah Chamberlain. New York: Dutton, 1995. 24p. ISBN: 0-525-45445-4.

Sangberg, Monica. *El sueño de Fellini*. Ilustrado por Letizia Galli. Traducido por Xavier Lloveras. Barcelona: Editorial Destino, 1994. 32p. ISBN: 84-233-2447-8.

Sendak, Maurice. *Donde viven los monstruos*. Madrid: Santillana, 1993. 37p. ISBN: 84-204-30226.

Stone, Bernard. *Operación ratón*. Ilustrado por Ralph Steadman. Traducido por Catalina Domínguez. México: Fondo de Cultura Económica, 1993. 24p. ISBN: 968-16-4033-0.

Trivizas, Eugene. *Los tres lobitos y el cochino feroz*. Ilustrado por Helen Oxenbury. Traducido por Alex Dearden. Caracas: Ediciones Ekaré, 1994. 32p. ISBN: 980-257-177-6.

Van Allsburg, Chris. *La escoba de la viuda*. Traducido por Catalina Domínguez. México: Fondo de Cultura Económica, 1993. 30p. ISBN: 968-16-4005-5.

Van Allsburg, Chris. *El expreso polar*. Ilustrado por el autor. Traducido por Marianne Delon. Caracas: Ediciones Ekaré-Banco del Libro, 1985. 30p. ISBN: 980-2570-45-1.

Velthuijs, Max. *Sapo y el forastero*. Caracas: Ediciones Ekaré, 1994. 26p. ISBN: 980-257-140-7.

Para los lectores intermedios

Askenazy, Ludwig. *Eres único*. Ilustrado por Helme Heine. Traducido del alemán por Juan Villoro. México: Fondo de Cultura Económica, 1991. 64p. ISBN: 968-16-3671-6.

Ayala, Lourdes y Margarita Isona-Rodríguez. *Los niños alfabéticos*. Ilustrado por Kathryn Shoemaker. Watertown, MA: Charlesbridge, 1995. 32p. ISBN: 0-88106-815-2.

Baum, L. Frank. *El Mago de Oz*. Ilustrado por W.W. Denslow. Traducido por Javier Alfaya. Madrid: Santillana, 1987. 254p. ISBN: 84-204-3509-0.

Baylord, Byrd. *Halcón, soy tu hermano*. Ilustrado por Peter Parnall. Traducido del inglés por Tedi López Mills. México: Fondo de Cultura Económica, 1991. 46p. ISBN: 968-16-3652-X.

Browne, Anthony. *Gorila*. Ilustrado por el autor. Traducido del inglés por Carmen Esteva. México: Fondo de Cultura Económica, 1991. 30p. ISBN: 968-16-3651-1.

Brown, Anthony. *El libro de los cerdos*. Ilustrado por el autor. Traducido del inglés por Carmen Esteva. México: Fondo de Cultura Económica, 1991. 32p. ISBN: 968-16-3651-1.

Brown, Anthony. *Willy el tímido*. Ilustrado por el autor. Traducido del inglés por Carmen Esteva. México: Fondo de Cultura Económica, 1991. 32p. ISBN: 968-16-3653-8.

Dahl, Roald. *Charlie y la fábrica de chocolate*. Ilustrado por Faith Jacques. Traducido por Veronica Head. Madrid: Santillana, 1986. 172p. ISBN: 84-204-3208-3.

Dahl, Roald. *James y el melocotón gigante*. Ilustrado por Michel Simeon. Traducido por Leopoldo Rodríguez. Madrid: Santillana, 1992. 37p. ISBN: 84-204-3524-4.

Hauff, Wilhelm. *Cuentos completos*. Ilustrado por Alicia Cañas Cortázar. Traducido del alemán por Elena Bombín Izquierdo. Madrid: Anaya, 1994. 285p. ISBN: 84-207-6285-7.

Joyce, James. *El gato y el diablo*. Ilustrado por Mabel Piérola. Traducido por Julián Ríos. Barcelona: Editorial Lumen, 1993. 36p. ISBN: 84-264-3549-1.

Martin, Ann. *Ma y pa Drácula*. Ilustrado por Antonio Helguera. Traducido del inglés por Monica Mansour. México: Fondo de Cultura Económica, 1991. 118p. ISBN: 968-16-3667-8.

Massana, Juan y Leda Gallina. *El arco iris en mi bolsillo*. Madrid: Montena, 1988. 24p. ISBN: 84397-1313-4.

Masters, Susan Rowan. *La vida secreta de Hubie Hartzel*. Ilustrado por Patricia Acosta. Traducido por Adriana de Hassan. Bogotá: Grupo Editorial Norma, 1992. 175p. ISBN: 958-04-1900-0.

Preussler, Otfried. *El cuento del unicornio*. Ilustrado por Guennadi Spirin. Traducido del alemán por Alberto Jiménez Rioja. Madrid: Grupo Anaya, 1992. 24p. ISBN: 84-207-4836-6.

Rodgers, Frank. *Cómo cuidar a tu primer monstruo*. Traducido por Mireia Blasco. Barcelona: Ediciones B, 1992. 32p. ISBN: 84-406-2906-0.

Singer, Marilyn. *En el palacio del Rey Océano*. Ilustrado por Ted Rand. Traducido por Aída Marcuse. New York: Simon & Schuster/Atheneum, 1995. 32p. ISBN: 0-689-31983-5.

Steig, William. *Dominico*. Ilustrado por el autor. Traducido por María Luisa Balseiro. New York: Mirasol/Farrar, Straus & Giroux, 1994. 152p. ISBN: 0-374-41827-6.

Vásquez-Vigo, Carmen. *El rey que voló*. Ilustrado por Karin Schubert. Madrid: Ediciones Altea, 1980. 29p. ISBN: Inaccesible.

Wyllie, Stephen y Julek Heller. *Los magos: Un mágico libro de hologramas*. Barcelona: Parramón, 1994. 22p. ISBN: 84-342-1745-7.

Para los adolescentes

Breve antología de cuentos. Buenos Aires: Editorial Sudamericana, 1991. 117p. ISBN: 950-07-0649-0.

Anderson, Paul. *La espada rota.* Traducido por Javier Martín Lalanda. Madrid: Anaya, 1992. 314p. ISBN: 84-207-4827-7.

Baum, L. Frank. *El mago de Oz.* Ilustrado por W.W. Denslow. Traducido por Gerardo Espinosa. (Botella al Mar) México: Consejo Nacional para la Cultura y las Artes, 1991. 254p. ISBN: 968-29-3168-1.

Bichsel, Peter. *El hombre que ya no tenía nada que hacer.* Ilustrado por Alfonso Ruano. Traducido del alemán por José A. Santiago Tagle. Madrid: Ediciones S.M., 1992. 123p. ISBN: 84-348-3668-8.

Cabré, Jaume. *El extraño viaje que nadie se creyó (La historia que Roc Pons no conocía).* Ilustrado por Joan Andreu Vallvé. Barcelona: La Galera, 1980. 116p. ISBN: 84-246-4541-3.

Christopher, John. *La bola de fuego.* Traducido por Miguel Martínez-Loge. Madrid: Ediciones Alfaguara, 1987. 157p. ISBN: Inaccesible.

Christopher, John. *La ciudad de oro y de plomo.* Traducido por Eduardo Lago. (La trilogía de los Trípodes) Madrid: Santillana, 1987. 167p. ISBN: 84-204-3907-X.

Christopher, John. *El estanque de fuego.* Traducido por Eduardo Lago. (La trilogía de los Trípodes) Madrid: Santillana, 1987. 169p. ISBN: 84-204-3908-8.

Christopher, John. *Las montañas blancas.* Traducido por Eduardo Lago. (La trilogía de los Trípodes) Madrid: Santillana, 1987. 135p. ISBN: 84-204-3903-7.

Gisbert, Joan Manuel. *Escenarios fantásticos.* Ilustrado por Miguel Calatayud. Barcelona: Editorial Labor, 1979. 191p. ISBN: Inaccesible.

Gisbert, Joan Manuel. *El misterio de la mujer autómata.* Madrid: Ediciones S.M., 1991. 255p. ISBN: 84-348-3457-X.

Haugen, Tormod. *Zepelín.* Traducido del noruego por Annelise Cloefta. Barcelona: Editorial Juventud, 1989. 127p. ISBN: 84-261-2428-3.

L'Engle, Madeleine. *Una arruga en el tiempo.* Traducido por Héctor Silva. Madrid: Santillana, 1992. 205p. ISBN: 82-204-4074-4.

Morante, Rafael. *Amor más acá de las estrellas*. La Habana: Unión de Escritores y Artistas de Cuba, 1987. 137p. ISBN: Inaccesible.

Peña Gutiérrez, Joaquín, ed. *Cuentos fantásticos*. Bogotá: Cooperativa Editorial Magisterio, 1992. 107p. ISBN: 958-20-0019-8.

Peña Gutiérrez, Joaquín, ed. *Cuentos picarescos*. Bogotá: Cooperativa Editorial Magisterio, 1992. 105p. ISBN: 958-20-0015-5.

Pratchett, Terry. *Sólo tú puedes salvar a la Humanidad*. Traducido por Miguel Martínez-Lage. Madrid: Santillana, 1994. 177p. ISBN: 84-204-4840-0.

Walsh, María Elena. *La nube traicionera*. Ilustrado por Daniel Rabanal. Buenos Aires: Editorial Sudamericana, 1989. 86p. ISBN: 950-07-0561-3.

8 La poesía

Poesía es un concepto general que se refiere a la expresión artística del lenguaje en forma de verso. Se diferencia de la prosa, que es la forma lineal de la lengua, en que agrega una medida, un ritmo, una rima o una libertad en el uso de las palabras que la acercan a otras formas de expresión estética como podría ser la música. El impacto que llega a tener la poesía sobre la imaginación infantil la distingue de todas las demás formas del discurso.

El ritmo y la métrica de la poesía son elementos que al darle musicalidad al lenguaje, lo inscriben de forma natural en el organismo del joven. Aun la poesía más libre que niega la métrica, tiene una lectura que se acomoda mejor a los latidos del corazón, al ritmo de la respiración, y al arrullo tranquilizador.

Pero quizás el poder de la poesía radica principalmente en que amplifica la capacidad del lenguaje. Sabemos que la lengua es arbitraria, impositiva, es un vehículo de la norma. La palabra "casa" no tiene un origen en el objeto casa, pero por compromiso social acordamos el significado. En otras palabras una expresión es indisociable de un contenido, el significante "casa" junto al significado casa nos ofrece un signo reconocible por todos los que hablamos español. Pero la poesía transforma esta operación y el signo estalla en mil posibles significados. La "casa" es sólo el detonante de muchos y distintos sentimientos.

En un mundo cada vez más orientado hacia fines pragmáticos, la poesía descubre que las palabras no tienen una función utilitaria, única y racional. Ellas pueden poseer una libertad que se enfrenta de manera armoniosa al mundo estandarizado. Con la poesía el joven aprenderá que el lenguaje puede expresar todo, no únicamente lo que dicen las palabras del lenguaje-norma. El atributo de la poesía es que el lenguaje se vuelve juego y allí se pueden acomodar los sentimientos profundos, los sueños que no encontraban lugar. Es por ello que a través de la poesía el joven puede tener la oportunidad de darle forma a sus imágenes interiores, propias y únicas y de sensibilizarse a las de los demás.

La poesía habla de temas muy diversos y existen clasificaciones para ellos: poesía amorosa, patriótica, religiosa, etc. Sin embargo, creemos que al clasificar un poema se empobrece la obra y se reducen sus múltiples significados. Igualmente, los comentarios externos al poema pueden limitar la sensibilidad del texto.

En cuanto a géneros poéticos se aceptan comúnmente tres: épicos, o narraciones gloriosas de héroes pasados; dramáticos, o en forma de diálogos; y líricos o subjetivos, que hablan de las emociones personales.

Sería importante recuperar los tres géneros en la literatura infantil/juvenil. Se pudiese iniciar a los jóvenes en la poesía a través de los poemas que narran un acontecimiento ya que los jóvenes aprecian especialmente las anécdotas donde pasan cosas. Originalmente la poesía era un discurso que debía ser recordado y el ritmo y las formas retóricas ayudaban precisamente al proceso de memorización. Los jóvenes también recuerdan con más facilidad los poemas donde sucede una historia por ejemplo, a manera de fábulas. Quizá el maestro podría facilitar su tarea empezando con la poesía narrativa para luego llegar a la poesía más libre donde el lenguaje adquiere más profundidad y textura.

Las "recitaciones" escolares buscan principalmente desarrollar la memoria, perfeccionar el lenguaje y formar el hábito y la capacidad de lectura. Pero muchas veces se confunden estos objetivos con el propósito de "formar" el alma infantil/juvenil dentro de una moral establecida. Para encantar a los jóvenes con la poesía, ésta tiene que ser antididáctica y antimoralizante.

El descubrimiento de la poesía es individual y solitario, como también puede ser colectivo. La poesía permite el placer de un grupo al seleccionarse y leerse en voz alta un poema. Después de todo, el origen de la poesía se remonta al canto colectivo y popular, forma privilegiada de comunicación entre los miembros de una comunidad. Es por ésto que la poesía dramática debe de rescatarse y estimularse entre los jóvenes.

La poesía lírica, por su libertad de expresión, es la más conocida en la actualidad. Sin embargo, la poesía escrita especialmente para niños es, frecuentemente, ramplona y artificial. El antropomorfismo aparece para este público demasiado a menudo. Se invierte la realidad de forma maniquea con el objeto de producir un mundo fantástico. También, la rima por la rima, puede traer como consecuencia poemas pobres que pueden no decir nada.

La poesía impulsa los sueños y aspiraciones de sus lectores. Es por esto que también debe permitirse a los jóvenes crear y expresarse a través de la poesía. Su escritura, en un principio sin reglas, espontánea, libre y personal tendrá tiempo de afinarse en el sentido de los criterios adultos. Para iniciar al niño y al joven en la poesía es suficiente autorizar el juego con el lenguaje.

La sonoridad de la poesía engendra sensualidad y en este sentido importa menos si el niño y el joven comprenden correctamente el significado común de las palabras. La relevancia se encuentra en el placer que extrae de esa palabra mágica, misteriosa, fascinante. De allí que no se debe temer a exponer a los jóvenes lectores a las obras que por su antigüedad o por no ser exclusivamente infantiles, contengan vocabulario desconocido.

Las canciones de cuna y las canciones que acompañan los juegos de los niños más pequeños forman parte de la tradición cultural infantil. Estos versos rítmicos tocan la sensibilidad de los niños. Sus rimas están destinadas al oído y a la memoria y los niños las disfrutan, ríen, sueñan, y se evaden con ellas.

La ilustración de los libros de poesía muchas veces ahoga los poemas. Cuando los ritmos, los espacios, los silencios, los gritos internos, los pulsos rápidos, los sueños, no se logran ilustrar adecuadamente, la ilustración resulta innecesaria. A pesar de que pueda parecer demasiado austero, es preferible que el poema, con clara tipografía, ilustre la página de bello papel blanco, a que la "decoración" resulte una emulación del "arte" de las tarjetas de cumpleaños y navidad. En todo caso, la ilustración debe poseer la calidad de una verdadera obra de arte para que haga soñar doblemente al lector.

La poesía privilegia múltiples lecturas. Cada lector encuentra un significado particular a lo que el poeta concibió originalmente. Al no

La poesía

ofrecer mensajes cerrados y terminados, la poesía permite lecturas "arbitrarias" y plurales. El lector reinventa, transforma o amplía las palabras cada vez que lee. Lo más importante no es lo que el poeta dice, sino lo que el lector comprende. Por lo tanto, el adulto debe respetar la lectura particular de cada lector y no debe formular preguntas orientadas a buscar lo que el autor quiso decir o el mensaje principal del poema.

La diferencia con el cuento estriba, entre otras cosas, en que el cuento debe tener un final mientras que el poema puede girar en torno a un sentimiento o a una imagen sin llegar a terminar. Otra diferencia es que en el cuento no existe la misma libertad que en la poesía, ya que depende de los significados comunes de la lengua narrativa. La dinámica de la historia exige un acuerdo relativo en las imágenes que evocan las palabras. La poesía, como el sueño, no tienen esta exigencia.

Ya que la poesía tiene formas muy particulares de lectura, se debe permitir que el niño y el joven la exploren libremente, que empiecen por el lugar que deseen, que la canten, la reciten, la dibujen, la muestren a sus papás o compañeros, etc. Si al joven lector no se le impone una lectura única, descubrirá un mundo donde todo puede suceder, donde no tendrá culpa por desobedecer las reglas, y podrá ejercer el disparate y el uso no pragmático de las palabras.

◆

Recomendaciones:

1. Seleccione obras que expresen sentimientos, humor o imágenes que sean capaces de conmover al lector.
2. Observe que el lenguaje sea rico en figuras literarias, en sonoridad, ritmo y belleza.
3. Verifique que las obras selecionadas no contengan estereotipos ni falsos absurdos o falso humor.
4. No seleccione las obras que que no posean un invento sonoro, o que contengan un exceso de diminutivos y lugares comunes.

5. Evite la poesía de temas como "el trabajo", "la patria", "el deber", ya que generalmente éstos buscan trasmitir un mensaje moralista.

Tema de discusión:

¿Es importante que el joven aprenda a analizar la poesía o es suficiente que la disfrute libremente?

Actividades:

1. Seleccione una serie de poemas que alienten la respuesta corporal de los jóvenes. Compártalas con los niños/adolescentes. Incluya un poema que aliente al lector a correr, a imitar movimientos de animales, a transformarse en entes diferentes, etc.
2. Escoja poemas que se presten a la interpretación en grupo a través de arreglos corales hablados. Seleccione poemas aptos para la lectura en grupo: diálogos, arreglos al unísono, etc.
3. Seleccione varias canciones apropiadas para un cierto grupo de edades. Comparta las canciones con los niños/jóvenes. Evalúe la respuesta del grupo a dichas canciones.
4. Proponga realizar un álbum colectivo de poesía. Cada niño o adolescente, por turnos, buscará un poema de su preferencia y lo escribirá en el cuaderno. Al final se obtendrá una antología de poemas escogidos por el grupo.

Bibliografía
La poesía

◆

Para los más pequeños

Del Paso, Fernando. *De la A a la Z por un poeta.* Ilustrado por Ignacio Junguera. Madrid: Montena, 1988. 972p. ISBN: 84-397-1356-8.

Ets, Marie Hall. *Gilberto y el viento.* Ilustrado por la autora. Traducido por Teresa Mlawer. New York: Lectorum, 1995. 32p. ISBN: 1-880507-16-1.

Jaramillo, Nelly Palacio, editora. *Grandmother's Nursery Rhymes: Lullabies, Tongue Twisters, and Riddles from South America/Las nanas de abuelita: Canciones de cuna trabalenguas y adivinanzas de Suramérica.* Ilustrado por Elivia. New York: Henry Holt, 1994. 30p. ISBN: 0-8050-2555-3.

Schon, Isabel. *Tito Tito: Rimas, adivinanzas y juegos infantiles.* Madrid: Editorial Everest, 1994. 32p. ISBN: 84-241-3351-X.

◆

Para los lectores intermedios

Ada, Alma Flor. *Abecedario de los animales.* Ilustrado por Vivi Escrivá. Madrid: Espasa Calpe, 1990. 40p. ISBN: 84-239-2583-8.

Aguilar, Luis Miguel. *Coleadas.* Ilustrado por Germán Montalvo. (Reloj de Versos) México: Cidcli, S.A., 1991-1992. 22p. ISBN: 968-494-048-3.

Cardenal, Ernesto. *Apalka*. Ilustrado por Felipe Dávalos. (En Cuento) México: Cidcli, S.A., 1992. 27p. ISBN: 968-494-057-2.

Cross, Elsa. *El himno de las ranas*. Ilustrado por Lucía Zacchi. (Reloj de Versos) México: Cidcli, S.A., 1991-1992. 22p. ISBN: 968-494-052-1.

Del Paso, Fernando. *Paleta de diez colores*. Ilustrado por Vicente Rojo. (Reloj de Versos) México: Cidcli, S.A., 1991-1992. 22p. ISBN: 968-494-053-X.

Forcada, Alberto. *Despertar*. Ilustrado por Hermilo Gómez. (Reloj de Versos) México: Cidcli, S.A., 1991-1992. 22p. ISBN: 968-494-051-3.

Kingsolver, Barbara. *Another America/Otra América*. Seattle, WA: The Seal Press, 1992. 103p. ISBN: 1-878067-14-1.

Martín, Susana. *Mis primeros versos de amor*. Buenos Aires: Planeta Juvenil, 1992. 103p. ISBN: 950-742-170-X.

Moscona, Myriam. *Las preguntas de Natalia*. Ilustrado por Fernando Medina. (Reloj de Versos) México: Cidcli, S.A., 1991-1992. ISBN: 968-494-049-1.

Parra, Nicanor. *Sinfonía de Cuna*. Ilustrado por Enrique Martínez. (En Cuento) México: Cidcli, S.A., 1992. 27p. ISBN: 968-494-056-4.

Santiago, David, editor. *Quiquiriquí, cocorocó*. Ilustrado por Juan Carlos Nicholls. Bogotá: Norma, 1989. 44p. ISBN: Inaccesible.

Silva, María Luisa. *El cumpleaños del Señor Pulpo y otros cuentiversos*. Ilustrado por Catalina Guevara. Santiago: Pehuén Editores, 1990. 20p. ISBN: 956-16-02384.

Silva, María Luisa. *Versos para soñar y jugar-1*. Ilustrado por Paulina Mönckeberg. Santiago: Pehuén Editores, 1989. 16p. ISBN: 956-16-01606.

Silva, María Luisa. *Versos para soñar y jugar-2*. Ilustrado por Paulina Mönckeberg. Santiago: Pehuén Editores, 1989. 16p. ISBN: 956-16-0182-K.

Walsh, María Elena. *La reina Batata*. Ilustrado por Vilar. Buenos Aires: Editorial Sudamericana, 1987. 31p. ISBN: 950-07-0438-2.

Walsh, María Elena. *Tutú Marambá*. Buenos Aires: Editorial Sudamericana, 1984. 97p. ISBN: 95-007-0141-3.

Walsh, María Elena. *Zoo loco*. Buenos Aires: Sudamericana, 1970. 18p. ISBN: Inaccesible.

La poesía

Para los adolescentes

Bartolomé, Efraín. *Mínima animalia*. Ilustrado por Marisol Fernández. (Reloj de Versos) México: Cidcli, 1991. 24p. ISBN: 968-494-047-5.

Deltoro, Antonio. *La plaza*. Ilustrado por Francisco Ochoa. (Reloj de Versos) México: Cidcli, 1990. 22p. ISBN: 968-494-044-0.

Domínguez, Antonio José. *Luis Cernuda para niños*. Ilustrado por Ginés Liébana. (Serie Poesía) Madrid: Ediciones de la Torre, 1991. 126p. ISBN: 84-7960-002-0.

Fernández Gutiérrez, José María. *Gustavo Adolfo Bécquer y los niños*. Ilustrado por José Ruiz Navarro. Madrid: Editorial Everest, 1989. 61p. ISBN: 84-241-5397-9.

García Lorca, Federico. *Canciones y poemas para niños*. Ilustrado por Daniel Zarza. Barcelona: Editorial Labor, 1990. 94p. ISBN: 84-335-8401-4.

García Lorca, Federico. *Canciones y poemas para niños*. Ilustrado por Daniel Zarza. (Botella al Mar) México: Consejo Nacional para la Cultura y las Artes, 1991. 94p. ISBN: 968-29-2948-2.

García Lorca, Federico. *Poemas*. Madrid: Montena, 1987. 126p. ISBN: 84-397-1190-5.

García Viñó, Manuel. *Manuel Machado para niños*. Ilustrado por Pablo Isidoro. (Serie Poesía) Madrid: Ediciones de la Torre, 1991. 126p. ISBN: 84-7960-003-9.

Lacarta, Manuel. *Francisco de Quevedo para niños*. Ilustrado por Jesús Aroca. (Serie Poesía) Madrid: Ediciones de la Torre, 1991. 126p. ISBN: 84-86587-91-3.

Machado, Antonio. *Yo voy soñando caminos*. Ilustrado por Jordi Vives. (Botella al Mar) México: Consejo Nacional para la Cultura y las Artes, 1991. 93p. ISBN: 968-29-3176-2.

Martín, Susana. *Mis primeros versos de amor*. Buenos Aires: Planeta Juvenil, 1992. 103p. ISBN: 950-742-170-X.

Paz, Octavio. *La rama*. Ilustrado por Tetsuo Kitora. (Reloj de Versos) México: Cidcli, 1991. 20p. ISBN: 968-494-046-7.

Sabines, Jaime. *La luna*. Ilustrado por Luis Manual Serrano. (Reloj de Versos) México: Cidcli, 1990. 22p. ISBN: 968-494-045-9.

Santos, Teresa de. *Luis de Góngora para niños.* Ilustrado por Carmen Sáez. (Serie Poesía) Madrid: Ediciones de la Torre, 1991. 126p. ISBN: 84-86587-90-5.

Serrano, Francisco. *La loquita frente al mar.* Ilustrado por Anita Büscher. (Reloj de Versos) México: Cidcli, 1990. 22p. ISBN: 968-494-043-2.

9 El realismo

En la narración realista, los efectos se desprenden de causas verosímiles sin que intervengan fuerzas mágicas o sobrenaturales. El realismo de temas o problemas sociales para niños y jóvenes es un subgénero relativamente reciente. Estos cuentos o novelas giran en torno a problemas particulares y personales, como pueden ser incapacidades físicas o sociales, temas de racismo y discriminación sexual, problemas de drogas y sexo, la muerte de un ser querido. El niño, casi púber, que se interesa por las relaciones sociales más amplias, será menos individualista frente a los problemas y buscará una explicación lógica al mundo que le rodea. De ahí que explorará obras en donde encuentre una traducción a sus interrogantes personales y a sus actividades sociales.

La fuente del argumento es el problema del protagonista y su conflicto que puede ser con otra persona, con la sociedad o consigo mismo. Las características del personaje así como el conflicto deben estar bien desarrollados e interrelacionados. De no lograrse ésto, el producto será un personaje estereotipado o construido exclusivamente de problemas. En estas circunstancias, la solución suele ser demasiado perfecta, restándole toda credibilidad a la narración. Los problemas de la vida real no tienen desenlaces tan rápidos ni adecuados, y el lector que se identifica con un problema similar, encontrará que la solución del libro es en realidad falsa. La novela realista para jóvenes difiere de la que tiene como objeto al lector adulto en que a los jóvenes se les ofrece, por lo menos, una promesa de que el problema puede resolverse.

La ficción por fórmula es un subgénero que juega con el realismo aparente, donde lo misterioso y fantástico parecen revolverse con la cotidianidad. Si bien el lector sabe en el fondo que se trata de situaciones artificiales, se ve compensado por el mundo cotidiano de la novela realista.

Ficción por fórmula

Durante decenios se ha calificado de "género menor" a la narración que sigue un esquema o una fórmula previa. Pero quizás esta tendencia se desprenda de la similitud entre las obras por fórmula y los medios masivos de comunicación. Su condición de ser entretenimiento para un público masivo lo vuelve sospechoso. Los tirajes de las novelas por fórmula son más elevados que los de cualquier otro género.

En segundo lugar, la ubicuidad de dichas fórmulas las convierte en una narrativa reiterativa. Se encuentran las mismas estructuras en las series policiacas televisivas, cinematográficas, en telenovelas y hasta en los comerciales. Finalmente, es una literatura cuyas características la hacen de fácil lectura y comprensión. Se mueve rápidamente, tiene poca elaboración de personajes y mucho diálogo, lo que la convierte en una lectura eminentemente evasiva.

Novela rosa

Una fuerte dosis romántica y un héroe épico-dramático alentarán la lectura del joven. Buscará en el héroe su experiencia y sus recursos personales para vencer las adversidades que se cruzan en su camino. Será también de suma importancia un nuevo elemento que ahora inquietará su corazón: el ingrediente sexual. El descubrimiento de su atracción por el sexo opuesto y los problemas que se le presentan como insolubles serán una motivación importante para la lectura del género realista.

Sin embargo la novela rosa cae en el terreno de la literatura de consumo y quizás sea el que de más popularidad goza. En estos textos, bajo un falso realismo, el romance simplifica las relaciones hombre-mujer. Habría que señalar el carácter reaccionario y sexista de la novela rosa. Aquí se propone una mujer con un sinfín de cualidades

El realismo

hasta llegar a la perfección convencional. Al hombre se le retrata como un maniquí de la época, ambos envueltos en una retórica cursi y prejuiciosa. La expresión de sentimientos reblandecidos sustituye la representación de sentimientos amorosos reales. El encontrar pareja se presenta como la única alternativa para la mujer y el idilio romántico de amores contrariados forman la base de esta ficción.

Como resultado de ciertas fórmulas, la novela rosa muestra patrones muy similares en la trama; los personajes difieren únicamente por el color del pelo o el nombre propio. El ambiente es tan poco importante que el argumento puede suceder por igual en un castillo, en una granja, en la gran ciudad o en la playa. Los soportes narrativo-descriptivos son mínimos y se reduce todo al diálogo. Abundan las lágrimas, los suspiros y una turbulencia de pasiones que todo lo cubre.

Ahora bien, ¿Por qué las jóvenes lectoras reinciden en estas lecturas esquemáticas y reiterativas? Probablemente se debe a la facilidad de acceso a estos libros y, principalmente, al que no encuentren sustitutos.

Los psicólogos coinciden en que los niños de los 7 a los 12 años han llegado a una etapa de desarrollo y madurez ciertamente avanzada. Tan complejo desarrollo cognocitivo y emocional requiere de una nutrición intelectual más completa que mejor que la literatura, ningún otro medio le puede ofrecer. Sin embargo, el género literario que acapara su atención es el que denominamos ficción por fórmula, que incluye las novelas de misterio y una gran gama de sentimentales. Es importante subrayar que las buenas novelas realistas afrontan los problemas contemporáneos de la juventud con honradez y comprensión. Afortunadamente una gran variedad de novelas populares y profundas ya se encuentran disponibles para lectores jóvenes.

Misterio y terror

El miedo es uno de los sentimientos más elementales del hombre. El terror, el espanto, la amenaza, el peligro, son temas recurrentes en muchos de nuestros sueños desde la infancia. Por ello, con los cuentos de miedo, el niño y el joven se defienden del horror de la noche, de los monstruos y las sombras que los acechan. El libro que mantiene en suspenso, como el vértigo en el tobogán, ofrece una experiencia del miedo, en un espacio seguro y placentero.

Los libros de misterio y terror, como producto de la ficción por fórmula, son especialmente populares entre los jóvenes. En este género incluimos las novelas y cuentos policíacos, de detectives, de misterio, suspenso y terror, ya que coinciden en sus características principales.

A pesar de que la mayoría de libros de este tipo que se encuentran en el mercado pertenecen a la producción en serie, existen algunos que pueden calificarse de auténticas "obras maestras" y que posen innegable valor literario. La fórmula no necesariamente empobrece la obra, sino que puede llegar a limitar la creatividad. Si bien se han propuesto en diferentes ocasiones reglas para la novela policíaca, éstas se subvierten continuamente, ya que la auténtica literatura y la creatividad implícita impone sus propias normas.

Características literarias

Se puede observar que la narración de misterio se limita a las acciones que conducen a descubrir al culpable. Se busca un hecho inteligible y se evita todo elemento que retarde el rápido ritmo que se requiere para lograr la acción. A consecuencia surge una escritura escueta y directa. La trama carga con el peso principal de la novela, aunque las obras de mejor calidad también tienen un buen desarrollo de los personajes. El tono es de suspenso y muchas veces se incluye el humor como elemento para humanizar a los personajes y quizás contrarrestar la ansiedad que puede provocar al joven lector la trama criminal. También los fantasmas traviesos que aparecen en algunos relatos son disfraces para el miedo que producen los propios fantasmas internos.

El entorno corresponde a un espacio cerrado, como puede ser una casona vacía, una cueva, un tren. Este escenario es a su vez marco para un ritual especial que el lector asiduo sabrá reconocer y, utilizando sus habilidades, llegará a descubrir anticipadamente el desenlace.

Los héroes tienen rasgos de la novela de aventuras: valor, voluntad, inteligencia y se agrega una capacidad de observación y deducción infalibles, indispensables para moverse en historias que simulan rompecabezas y juegos de inteligencia y astucia. De esta manera, encontramos argumentos donde finalmente es más importante indagar en el "cómo", que descubrir "quién" es el culpable.

Otra característica de esta forma narrativa es su apertura a una estructura episódica. Esto permite que siempre puedan aparecer nuevos capítulos y así incorporarse a la era de las series de los medios masivos de comunicación. El detective, el policía y el héroe siempre pueden librar una aventura más sin que esto afecte la unidad de la obra.

Realismo animal

Los libros informativos deben detallar con precisión la apariencia, el hábitat, y el ciclo de vida de los animales. El realismo animal, como ficción, adquiere otra dimensión. Respetando las restricciones científicas, el cuento muestra a los animales en algún conflicto. Sin embargo, aunque se conviertan en personajes, no adquieren características humanas. Para describir la vida animal se requiere un punto de vista objetivo. En los casos en que existe un ser humano dentro del argumento cuya función es reportar, éste puede llegar a interpretar el comportamiento animal para el lector. Si falla el punto de vista en la narración, se puede caer en el sentimentalismo, ofreciendo saber, de manera equivocada, lo que piensa y siente el animal.

Novela deportiva

Se encuentran historias deportivas con personajes muy bien desarrollados que luchan y descubren que deben enfrentar decisiones importantes. Los deportes que despiertan mayor interés para las novelas deportivas son los que se practican en equipo. Se pone énfasis en las relaciones de grupo, los prejuicios, las competencias. Los jóvenes que disfrutan de los deportes pueden ser lectores entusiastas de estos libros.

Recomendaciones:

1. Busque obras en las que los personajes afrontan los problemas contemporáneos de la juventud con honradez y comprensión.

2. Evite cuentos o novelas en las que los personajes estén construidos exclusivamente de problemas.

Tema de discusión:

La literatura y los medios masivos de comunicación ¿Pueden retro-alimentarse? ¿Con qué límites? ¿Qué pierde la literatura al pasar a los medios de comunicación audiovisual?

Actividades:

1. Lea un libro sobre un personaje con problemas. ¿Está el personaje bien desarrollado o es mero representante de problemas estereotipados? ¿Sufre cambios? ¿Son creíbles?
2. Lea un relato sobre un grupo étnico desconocido por usted. ¿Su lectura lo acerca mejor a este grupo? ¿Reconoce características afines a todos los seres humanos? ¿Diferencias?

Bibliografía
El realismo

◆

Para los más pequeños

Claverie, Jean y Michelle Nikly. *El arte de la baci*. Traducido por Maribel G. Martínez y L. Rodríguez. Salamanca: Loguez Ediciones, 1993. 26p. ISBN: 84-85334-70-1.

Cole, Babette. *¡Mamá puso un huevo! o cómo se hacen los niños*. Traducido por Pilar Jufresa. Barcelona: Ediciones Destino, 1993. 26p. ISBN: 84-233-2288-2.

Hazen, Barbara Shook. *¡Adiós! ¡Hola!* Ilustrado por Michael Bryant. Traducido por Alma Flor Ada. New York: Simon & Schuster/Atheneum, 1995. 32p. ISBN: 0-689-31952-5.

Kessler, Leonard. *¡Aquí viene el que se poncha!* Traducido por Tomás González. (Ya Sé Leer) New York: Harper Arco Iris/HarperCollins, 1995. 64p. ISBN: 0-06-025437-8.

Lenain, Thieny. *Mi hermanita es un monstruo*. Ilustrado por Napo. Barcelona: Ediciones Junior, S.A., 1993. 29p. ISBN: 84-478-0090-3.

Martí, Isabel. *Guille está enfermo*. Ilustrado por Horacio Elena. (Juguemos con Guille) Barcelona: Editorial Timun Mas, 1993. 8p. ISBN: 84-7722-961-9.

Montes, Graciela. *Federico y el mar*. Ilustrado por Claudia Legnazzi. Buenos Aires: Sudamericana, 1995. 16p. ISBN: 950-07-0849-3.

Viorst, Judith. *Alexander, que de ninguna manera—¿le oyen?—¡lo dice en serio!—se va a mudar*. Ilustrado por Robin Preiss Glasser. Traducido por Alma Flor Ada. New York: Simon & Schuster/Colibrí, 1995. 32p. ISBN: 0-689-31984-3.

Para los lectores intermedios

Alonso, Manuel L. *Papá ya no vive con nosotros*. Ilustrado por Asun Balzola. Madrid: Ediciones S.M., 1993. 63p. ISBN: 84-348-3968-7.

Blume, Judy. *Quizá no lo haga*. Ilustrado por Fuenciscla del Amo. Traducido por Javier Alfaya. Madrid: Santillana, 1989. 144p. ISBN: 84-204-4626-2.

Bröger, Achim. *Mi abuela y yo*. Ilustrado por Nell Graber. Traducido del alemán por Mercedes Castro. (Botella al Mar) México: Consejo Nacional para la Cultura y las Artes, 1991. 119p. ISBN: 968-29-2895-8.

Danziger, Paula. *¿Seguiremos siendo amigos?* Ilustrado por Tony Ross. Traducido por Javier Franco. Madrid: Alfaguara, 1994. 105p. ISBN: 84-204-4857-5.

Paterson, Katherine. *La gran Gilly Hopkins*. Traducido por Alonso Carnicer MacDermott. Madrid: Santillana, 1987. 152p. ISBN: 84-204-3222-9.

Schujer, Silvia. *Historia de un primer fin de semana*. Ilustrado por Alejandra Taubin. Buenos Aires: Libros del Quirquincho, 1988. 45p. ISBN: 950-9732-59-X.

Smania, Estela. *Pido gancho*. Buenos Aires: Editorial Sudamericana, 1991. 79p. ISBN: 950-07-0697-0.

Williams, Barbara. *Michi y el terrible tiranosaurio Rex*. Ilustrado por Emily A. McCully. Traducido por Maribel de Juan. Madrid: Espasa-Calpe, S.A., 1988. 139p. ISBN: 84-239-2796-2.

Para los adolescentes

Baquedano, Lucía. *La casa de los diablos*. Barcelona: Editorial Labor, 1992. 172p. ISBN: 84-335-1202-1.

Buitrago, Fanny. *¡Líbranos de todo mal!* Bogotá: Carlos Valencia Editores, 1989. 110p. ISBN: 958-904471-9.

El realismo 99

Byars, Betsy. *Bingo Brown, amante gitano.* Ilustrado por Tino Gatagán. Traducido por Miguel Angel Mendizábel. Madrid: Espasa Calpe, 1994. 164p. ISBN: 84-239-7158-9.

Byars, Betsy. *Bingo Brown y el lenguaje de amor.* Ilustrado por Tino Gatagán. Traducido por Miguel Angel Mendizábel. Madrid: Espasa Calpe, 1994. 164p. ISBN: 84-239-7158-9.

Cole, Brock. *Celine.* Traducido por Pedro Barbadillo. Madrid: Alfaguara, 1992. 172p. ISBN: 84-204-4711-0.

Cross, Gillian. *La hija del lobo.* Traducido por Jacobo Mendioroz. Madrid: Ediciones S.M., 1993. 175p. ISBN: 84-348-3905-9.

Egli, Werner J. *Tarantino.* Traducido del alemán por José A. Santiago Togle. Madrid: Ediciones S.M., 1992. 182p. ISBN: 84-348-3773-3.

Fox, Paula. *¡Que bailen los esclavos!* Traducido por Guillermo Solana. Barcelona: Editorial Noguer, 1990. 154p. ISBN: 84-279-3198-0.

Gándara, Alejandro. *Falso movimiento.* Madrid: Ediciones S.M., 1992. 182p. ISBN: 84-348-3708-0.

García Domínguez, Ramón. *Renata toca el piano, estudia inglés y etcétera, etcétera, etcétera.* Ilustrado por Javier Zabala. Zaragoza: Editorial Luis Vives, 1992. 137p. ISBN: 84-263-2407- X.

Hagemann, Marie. *Lobo Negro, un skin.* Traducido por Rosa Pilar Blanco. Madrid: Alfaguara, 1994. 141p. ISBN: 84-204-4818-4.

Hamilton, Virginia. *Primos.* Traducido por Amalia Bermejo. Madrid: Santillana, 1993. 125p. ISBN: 84-204-4747-1.

Hinton, S.E. *Esto ya es otra historia.* Ilustrado por Pablo Sobisch. Traducido por Javier Lacruz. Madrid: Santillana, 1988. 145p. ISBN: 84-204-4121-X.

Hinton, S.E. *La ley de la calle.* Madrid: Santillana, 1991. 128p. ISBN: 84-204-3923-1.

Hinton, S.E. *Rebeldes.* Traducido por Miguel Martínez-Lage. Madrid: Santillana, 1987. 190p. ISBN: 84-204-3919-3.

Howker, Janni. *Isaac Campion.* Ilustrado por Mauricio Gómez Morín. Traducido por Laura Emilia Pacheco. México: Fondo de Cultura Económica, 1992. 128p. ISBN: 0-86203-270-9.

Klein, Robin. *Volví para mostrarte que podía volar.* Traducido por Héctor Silva. Madrid: Grupo Anaya, 1991. 201p. ISBN: 84-207-4156-6.

Lagos, Belén y Amalia Chaverri. *Cuentos para gente joven.* San José: Editorial Universitaria Centroamericana, 1990. 303p. ISBN: 9977-30-163-8.

Lalana, Fernando. *Scratch.* Madrid: Ediciones S.M., 1992. 189p. ISBN: 84-348-3709-X.

Lienas, Gemma. *Así es la vida, Carlota.* Madrid: Ediciones S.M., 1990. 154p. ISBN: 84-348-3100-7.

Needle, Jan. *El ladrón.* Ilustrado por Luis Fernando Enríquez. Traducido del inglés por Juan José Utrilla. México: Fondo de Cultura Económica, 1991. 115p. ISBN: 968-16-3680-5.

Paterson, Katherine. *La búsqueda de Park.* Ilustrado por Shula Goldman. Traducido por Juan Luque. Madrid: Espasa-Calpe, S.A., 1989. 201p. ISBN: 84-239-2816-0.

Schujer, Silvia. *Las visitas.* Buenos Aires: Juvenil Alfaguara, 1991. 94p. ISBN: 950-511-128-2.

Sierra i Fabra, Jordi. *Alma de blues.* (Sam Numit) Barcelona: Editorial Timun Mas, 1990. 189p. ISBN: 84-7722-640-7.

Sierra i Fabra, Jordi. *Banda sonora.* Madrid: Ediciones Siruela, 1993. 251p. ISBN: 84-7844-159-X.

Sierra i Fabra, Jordi. *En busca de Jim Morrison.* (Sam Numit) Barcelona: Editorial Timun Mas, 1990. 191p. ISBN: 84-7722-485-4.

Sierra i Fabra, Jordi. *El gran festival de rock.* (Sam Numit) Barcelona: Editorial Timun Mas, 1990. 179p. ISBN: 84-7722-535-4.

Sierra i Fabra, Jordi. *La guitarra de John Lennon.* (Sam Numit) Barcelona: Editorial Timun Mas, 1990. 172p. ISBN: 84-7722-483-8.

Sierra i Fabra, Jordi. *Malas tierras.* (Los Libros de Víctor y Cía) Madrid: Ediciones S.M., 1994. 143p. ISBN: 84-348-4265-3.

Sierra i Fabra, Jordi. *Noche de viernes.* Madrid: Alfaguara, 1994. 167p. ISBN: 84-204-4762-5.

Ziegler, Reinhold. *Llámame simplemente Súper.* Traducido del alemán por Mireja Bofill Abello. Madrid: Anaya, 1991. 115p. ISBN: 84-207-4154-X.

10 La novela histórica

La historia es la ciencia que estudia la actividad humana a través del tiempo. Como los hechos históricos son siempre singulares, no se repiten de forma idéntica y pueden no tener registro oportuno, el historiador tiene que interpretar o agregar piezas a los sucesos para hacerlos comprensibles. Por otro lado el investigador muestra disimuladamente, y a pesar suyo, sus propios sentimientos con respecto a los hechos. Como resultado, muchas veces no se puede comprobar la tesis del historiador. Estas peculiaridades de la historia no la hacen menos científica, ya que el método de las ciencias humanas consiste en un distinto acopio y relación de los datos.

El aspecto literario de la historia, compuesto por la creatividad del autor, consiste en presentar en lenguaje atractivo, los sucesos, los personajes, la vida cultural de distintas épocas. El realismo histórico va más allá y convierte los hechos en una novela o cuento. El escritor de la novela histórica para jóvenes combina la imaginación con los datos y crea un argumento con suspenso, incertidumbre y acción. Para evaluar una narrativa histórica se debe conocer la época histórica en cuestión para así lograr detectar la fidelidad del cuento y los límites que puede tener la inventiva del autor.

El entorno de la novela histórica debe ser fiel a la época y mostrar la forma de vivir de los personajes. Los protagonistas están atrapados en los acontecimientos históricos, así que el entorno influenciará de forma importante al argumento. Cuando el autor exagera "los buenos tiempos" y "los malos tiempos", el resultado puede ser sentimental y poco convincente.

Una advertencia para ofrecer la narrativa histórica a los niños más pequeños. Mientras más joven es el lector, más difícil le es reconstruir una época histórica. Todo lo que sucedió antes de la fecha de su nacimiento le resulta muy lejano, semejante a las épocas prehistóricas del académico. Todo aquello que sucedió después de la fecha de su nacimiento tiene relevancia más actual y puede ubicarlo mejor en el tiempo.

Recomendaciones:

1. Procure acercar al lector al análisis de momentos importantes para la humanidad por medio de novelas históricas amenas.
2. Evite novelas históricas que insistan en el didactismo o el adoctrinamiento político.

Tema de discusión:

La libertad de expresión contra la censura de la literatura para niños y jóvenes.

¿Cómo presentar a los héroes nacionales en la literatura para niños y jóvenes?

Actividades:

1. Aliente a los niños/adolescentes a seleccionar un tema de controversia en la novela histórica. Forme equipos que simulen estar de parte de uno u otro de los grupos en la narración. Efectúe una investigación adicional sobre el tema y participe en un debate.
2. Seleccione una escena de la novela histórica que contenga personajes dignos de recordarse y una trama emocionante. Desarrolle la escena en una dramatización con los jóvenes.

3. Seleccione canciones folklóricas que fueron populares durante un período histórico específico. Escuche, lea y cante las canciones con los jóvenes. ¿Qué problemas, conflictos o valores se presentan a través de la lírica? ¿Son temas recurrentes en la novela histórica del mismo período?

Bibliografía
La novela histórica

◆

Para los más pequeños

Coerr, Eleanor. *Josefina y la colcha de retazos*. Ilustrado por Bruce Degen. Traducido por Aída E. Marcuse. (Ya Sé Leer) New York: HarperCollins/Harper Arco Iris, 1995. 64p. ISBN: 0-06-025319-3.

Levinson, Riki. *Mira cómo salen las estrellas*. Ilustrado por Diane Goode. Traducido por Juan Ramon Azaola. New York: Dutton, 1992. 32p. ISBN: 0-525-44958-2.

Marzollo, Jean. *Feliz cumpleaños, Martin Luther King*. Ilustrado por J. Brian Pinkney. Traducido por Alberto Romo. New York: Scholastic, 1993. 32p. ISBN: 0-590-47507-X.

◆

Para los lectores intermedios

Coerr, Eleanor. *Josefina y la colcha de retazos*. Ilustrado por Bruce Degen. Traducido por Aída E. Marcuse. (Ya Sé Leer) New York: HarperCollins/Harper Arco Iris, 1995. 64p. ISBN: 0-06-025319-3.

Cohen, Barbara. *Molly y los Peregrinos*. Ilustrado por Michael J. Deraney. Traducido por María A. Fiol. New York: Lectorum, 1995. 32p. ISBN: 1-880507-17-X.

Henry, Marguerite. *Misty de Chincoteague*. Barcelona: Editorial Noguer, 1994. 127p. ISBN: 84-279-3218-9.

Kerr, Judith. *Cuando Hitler robó el conejo rosa.* Ilustrado por Judith Kerr. Traducido por María Luisa Balseiro. Madrid: Santillana, 1992. 264p. ISBN: 84-204-3201-6.

Mochizuki, Ken. *El béisbol nos salvó.* Ilustrado por Dom Lee. Traducido por Tomás González. New York: Lee & Low, 1995. 32p. ISBN: 1-880000-21-0.

O'Dell, Scott. *No me llamo Angélica.* Barcelona: Editorial Noguer, 1994. 125p. ISBN: 84-279-3222-7.

Para los adolescentes

Alfonseca, Manuel. *El rubí del Ganges.* Barcelona: Editorial Noguer, 1989. 137p. ISBN: 84-279-3189-1.

Almagor, Gila. *El verano de Aviya.* Traducido del hebreo por Carlos Silveira. Salamanca: Lóquez Ediciones, 1994. 110p. ISBN: 84-85334-76-0.

Boullosa, Carmen. *El médico de los piratas.* Madrid: Ediciones Siruela, 1992. 95p. ISBN: 84-7844-116-6.

Fortún, Elena. *Celia en la revolución.* Ilustrado por Asun Balzola. Madrid: Aguilar, 1987. 304p. ISBN: 84-03-46116-X.

Fox, Paula. *¡Que bailen los esclavos!* Traducido por Guillermo Solana. Barcelona: Editorial Noguer, 1990. 154p. ISBN: 84-279-3198-0.

Garavaglia, Juan Carlos y Raúl Fradkin. *Hombres y mujeres de la colonia.* Buenos Aires: Editorial Sudamericana, 1992. 282p. ISBN: 950-07-0780-2.

García Márquez, Gabriel. *El general en su laberinto.* Buenos Aires: Editorial Sudamerica, 1989. 287p. ISBN: 950-07-0551-6.

López Narváez, Concha. *La tierra del sol y la luna.* Ilustrado por Juan Romón Alonso. Madrid: Espasa-Calpe, 1984. 151p. ISBN: 84-239-2734-2.

Molina Llorente, Pilar. *La sombra de la daga.* Ilustrado por Esmeralda Sánchez-Blanco. Madrid: Ediciones Rialp, 1993. 126p. ISBN: 84-321-3024-9.

Molina, Mª Isabel. *De Victor para Alejandro*. Ilustrado por Francisco Solí. Madrid: Alfaguara, 1994. 135p. ISBN: 84-204-4861-3.

Rauprich, Nina. *Una extraña travesía*. Traducido del alemán por Mª Dolores Abalos. Madrid: Ediciones S.M., 1994. 176p. ISBN: 84-348-4422-2.

Smucker, Barbara. *Nubes negras*. Traducido por Pilar Molina. Barcelona: Editorial Noguer, S.A., 1988. 135p. ISBN: 84-279-3148-4.

Urrutia, Ma. Cristina y Krystyna Libura. *Ecos de la conquista*. México: Editorial Patria, 1992. 256p. ISBN: 968-39-0774-1.

Wilder, Laura Ingalls. *A orillas del Río Plum*. Ilustrado por Garth Williams. Barcelona: Editorial Noguer, 1993. 191p. ISBN: 84-279-3208-1.

11 Las traducciones

Al hablar de los libros para lectores jóvenes, uno de los temas más candentes suele ser la traducción, ya que equivale a introducir autores de otros países, costumbres ajenas y culturas diferentes. Es importante señalar que la introducción de nuevos libros, de otros estilos, corrientes, e ideas suele enriquecer al joven. Con la aceptación de nuevos libros no peligra la propia identidad.

Generalmente, la traducción se concibe como la transcripción de un texto en una lengua original a la lengua del objetivo. La meta final consiste en alcanzar la superficie del significado de ambos idiomas de manera tal que el resultado sea aproximadamente semejante y que las estructuras del idioma original se conserven lo más posible sin que el idioma objetivo resulte seriamente distorsionado.

Lamentablemente, la demanda actual de libros en español ha resultado en un conjunto amorfo de traductores, escritores y editores que continuamente cometen verdaderos crímenes lingüísticos, literarios y económicos. Debe enfatizarse que ningún grado de fidelidad literaria puede compensar la traición que se comete contra un buen escritor cuando se "castellaniza" con un estilo flácido, ridículo.

El traductor al español tiene que trabajar de una lengua que conoce muy bien, a su lengua materna. Los errores más frecuentes resultan de la incapacidad para realizar los ajustes adecuados en la sintaxis al escribir o transferir un texto. Es posible encontrar equivalentes adecuados para todas las palabras y aun para las expresiones idiomáticas; pero la superficialidad o incapacidad semántica relativa a las diferentes estructuras de la sintaxis inmediatamente imprimen al libro o a la traducción el sello de que resulta "extraño" o incluso contranatura.

Estos errores comunes, a pesar de ser fastidiosos y frustrantes, generalmente no resultan en la seria incomprensión que surge cuando se carece de los ajustes culturales necesarios. Los errores en la sintaxis del español se reconocen inmediatamente y obligan al lector a tratar de deducir el significado. Los errores en el significado cultural, sin embargo, no presentan pistas obvias y en consecuencia el texto no se comprende ni es posible detectar el origen del error en el mismo.

También son comunes las falsas analogías o equivalencias: palabras que se asemejan entre sí y que en algún momento pudieron haber tenido un origen común, pero que, a causa de la corriente normal de cambios en el lenguaje, tales palabras similares ya no poseen el mismo significado ni la misma connotación. Por ejemplo, la palabra "actual", en inglés, significa "legítimo", "verdadero", "real", mientras que la misma palabra en español significa "moderno", "presente", "hoy en día".

Existen varias frecuentes fuentes de confusión, como la diferencia entre el español de Hispanoamérica y el de España. El primero carece de la segunda persona plural familiar y, en consecuencia, carece también del pronombre correspondiente. En lugar de vosotros, en Hispanoamérica se emplea ustedes. En lugar de os, los hipanoamericanos emplean el pronombre de la tercera persona plural. A pesar de que ello es perfectamente conocido, el uso de estos pronombres y de sus inflexiones verbales resulta anticuado y en consecuencia pomposo para los jóvenes hispanohablantes fuera de España.

Por otro lado, la mayoría de términos hispanoamericanos de origen precolombino tienen como referencia la flora y la fauna nativos, una característica común entre variantes del español.

El español "chicano" (en realidad, un amplio espectro de variedades del español hablado en Estados Unidos por personas de ascendencia mexicana) presenta particulares dificultades; se asocian menos problemas con los "latinos" de raíces no chicanas. Existen dos problemáticas respecto al español chicano. La primera es que muchas veces el español (o las variedades chicanas del español) existe solamente como lengua hablada y hay serias discrepancias respecto a su incorporación dentro de los códigos escritos y, de ahí más rígidos, del español.

La otra problemática proviene precisamente de la enorme variedad del español chicano y, de más está decir, las diferencias que re-

Las traducciones 109

presenta respecto al español mexicano. En los casi 150 años desde el Tratado de Guadalupe Hidalgo, es natural que el español que quedó en el suroeste de Estados Unidos iba a divergir del español de lo que quedó de México. Y es también natural que existan ciertos resentimientos culturales de las dos partes que suelen manifestarse en querellas lingüísticas.

Sin embargo, sin aflojarse en cuanto a la necesidad de que los registros escritos del español se adhieran a altos criterios de competencia en materia de la lengua, es imprescindible reconocer que textos que se ciñen a la experiencia chicana van a ejemplificar un español a veces radicalmente distinto del español mexicano. Tales diferencias no sólo deben respetarse, sino también propiciarse, en aras de la enorme riqueza de la que es capaz el idioma español.

A pesar de estas advertencias es importante recordar que los lectores, incluyendo a los jóvenes, siempre estarán a la búsqueda del significado. Ellos construyen o predicen el significado para obtener el sentido de la palabra impresa. Los lectores jóvenes que disponen de libros bien escritos y atractivos quieren comprender o esforzarse a entender aquellos textos que les resultan importantes. No es necesario que comprendan cada palabra, sino que se les motive para que arriesguen e infieran el significado a través de la lectura en contexto. Los niños y adolescentes deben ser alentados a leer literatura o libros informativos bien escritos y publicados en España, México, Argentina, Estados Unidos, Venezuela o en cualquier otra parte del mundo.

Lo que el lector joven hispanohablante quiere, y se merece, son libros bellamente escritos y/o traducciones fluidas, que no revelen en su escritura la fuente original, sino que muestren la claridad, la lógica, el espíritu, así como el colorido, el ritmo, la elocuencia y la simetría de su propia lengua.

Recomendaciones:

1. En caso de las traducciones prefiera las que se hacen directamente de las obras originales.

2. En el caso de las adaptaciones, seleccione solamente las realizadas con criterios literarios y que conserven el sentido de la obra original.
3. Cuide que las traducciones y adaptaciones anuncien en su portada que son traducciones y/o adaptaciones y que expliquen en un prólogo los principios y métodos de su trabajo.
4. Desconfíe de las traducciones de traducciones.
5. No son recomendables las traducciones literales, que reproduzcan la sintaxis de otras lenguas, alejándose de las propias del español.
6. En caso de las adaptaciones no deben seleccionarse aquellas versiones, resúmenes o compendios deformantes en los que se desvirtúa el sentido de la obra original.

Tema de discusión:
Traducciones y libros bilingües ¿Necesarios?

Actividades:
1. Escoja un cuento o canción infantil de procedencia hispana. Prepare una introducción, estilo narrativo, y conclusión apropiados, de tal manera que refleje la presentación tradicional auténtica del país de origen. Comparta el cuento/canción con un grupo de niños/ adolescentes.
2. Busque varias traducciones de un mismo texto infantil/juvenil. Analice y escoja uno. Explique y justifique su elección.

Agradecimiento al profesor David William Foster por su valiosa ayuda en este capítulo.

Bibliografía
Las traducciones

◆

Para los más pequeños

¡A jugar! Fotos por Stephen Shott. (¡Así Soy Yo!) New York: Dutton, 1992. 12p. ISBN: 0-525-44854-3.

La hora de la comida. Fotos por Stephen Shott. (¡Así Soy Yo!) New York: Dutton, 1992. 12p. ISBN: 0-525-44855-1.

La hora del baño. Fotos por Stephen Shott. (¡Así Soy Yo!) New York: Dutton, 1992. 12p. ISBN: 0-525-44857-8.

¡Mírame! Fotos por Stephen Shott. (¡Así Soy Yo!) New York: Dutton, 1992. 12p. ISBN: 0-525-44853-5.

Aliki. *Mis cinco sentidos*. Traducido por Daniel Santacruz. (Aprende y Descubre la Ciencia) New York: HarperCollins/Harper Arco Iris, 1995. 32p. ISBN: 0-06-025358-4.

Ashforth, Camilla. *La cama de Horacio*. Traducido por Andrea B. Bermúdez. Compton, CA: Santillana, 1995. 26p. ISBN: 1-56014-581-1.

Bemelmans, Ludwig. *Madeline*. Traducido por Ernesto Livon Grosman. New York: Viking, 1993. 48p. ISBN: 0-670-85154-X.

Boase, Wendy. *Caperucita Roja*. Ilustrado por Heather Philpott. Traducido por María Puncel. (Primeros Cuentos) Compton, CA: Santillana, 1994. 28p. ISBN: 1-56014-458-0.

Boase, Wendy. *Tres chivos testarudos*. Ilustrado por Carolyn Bull. Traducido por María Puncel. (Primeros Cuentos) Compton, CA: Santillana, 1994. 28p. ISBN: 1-56014-457-2.

Boase, Wendy. *Los tres osos*. Ilustrado por Carolyn Bull. (Primeros Cuentos) Traducido por María Puncel. Compton, CA: Santillana, 1994. 28p. ISBN: 1-56014-475-0.

Cole, Babette. *¡Tarzana!* Traducido por Pilar Jufresa. Barcelona: Ediciones Destino, 1993. 30p. ISBN: 84-233-2274-2.

Dabcovich, Lydia. *The Keys to My Kingdom: A Poem in Three Languages*. Ilustrado por por la autora. New York: Lothrop, Lee & Shepard, 1992. 30p. ISBN: 0-688-09774-X.

de Beer, Hans. *El osito polar*. Traducido por Silvia Arama. New York: Ediciones Norte-Sur, 1995. 26p. ISBN: 1-55858-390-4.

Dorros, Arthur. *Ciudades de hormigas*. Ilustrado por el autor. Traducido por Daniel Santacruz. (Aprende y Descubre la Ciencia) New York: HarperCollins/Harper Arco Iris, 1995. 32p. ISBN: 0-06-025360-6.

Eastman, P.D. *¡Corre, perro, corre!* Traducido por Teresa Mlawer. New York: Lectorum, 1992. 64p. ISBN: 1-880507-02-1.

Farris, Katherine. *Let's Speak Spanish! A First Book of Words*. Ilustrado por Linda Hendry. New York: Viking, 1993. 48p. ISBN: 0-670-84994-4.

Grejniece, Michael. *¿Qué te gusta?* Ilustrado por el autor. Traducido por Silvia Arana. New York: Ediciones Norte-Sur, 1995. 32p. ISBN: 1-55858-391-2.

Hall, Nancy Abraham y Syverson-Stork, Jill. *Los pollitos dicen/The Baby Chicks Sing; Juegos, rimas y canciones infantiles de países de habla hispana/Traditional Games, Nursery Rhymes, and Songs from Spanish Speaking Countries*. Ilustrado por Kay Chorao. Boston: Little, Brown, 1994. 32p. ISBN: 0-316-34010-3.

Hoban, Russell. *Pan y mermelada para Francisca*. Ilustrado por Lillian Hoban. Traducido por Tomás González. New York: HarperCollins/Harper Arco Iris, 1995. 31p. ISBN: 0-06-025328-2.

Hutchins, Pat. *Llama a la puerta*. Traducido por Aída E. Marcuse. New York: Morrow, 1994. 24p. ISBN: 0-688-13806-3.

Kessler, Leonard *¡Aquí viene el que se poncha!* Traducido por Tomás González. (Ya Sé Leer) New York: HarperCollins/Harper Arco Iris, 1995. 64p. ISBN: 0-06-025437-8.

Langley, Jonathan. *Los tres chivos Malaspulgas*. Ilustrado por el autor. Barcelona: Ediciones Junior, 1992. 24p. ISBN: 84-7419-941-7.

Lester, Alison. *La cama de Isabella*. Traducido por Clarisa de la Rosa. Caracas: Ediciones Ekaré-Banco del Libro, 1992. 32p. ISBN: 980-257-118-0.

Levinson, Riki. *Mira cómo salen las estrellas*. Ilustrado por Diane Goode. Traducido por Juan Ramón Azaola. New York: Penguin/Puffin Unicorn, 1995. 32p. ISBN: 0-14-055505-6.

Marcuse, Aída E. *Caperucita Roja y la luna de papel*. Ilustrado por Pablo Torrecilla. Torrance, CA: Laredo, 1993. ISBN: 1-56492-103-4.

Marshak, Samuel. *¡El perrito creció!* Ilustrado por Vladimir Radunsky. Traducido por Antoni Vicens. Barcelona: Ediciones Destino, 1992. 30p. ISBN: 84-233-2143-6.

Mosel, Arlene. *Tikki, Tikki, Tembo*. Ilustrado por Blair Lent. Traducido por Liwayway Alonso. New York: Lectorum, 1994. 44p. ISBN: 1-880507-13-7.

Ness, Evaline. *Sam, Bangs y hechizo de luna*. Traducido por Liwayway Alonso. New York: Lectorum, 1994. 34p. ISBN: 1-880507-12-9.

Pacovská, Kveta. *El pequeño rey de las flores*. Ilustrado por la autora. Traducido del alemán por Esther Roehrich-Rubio. Madrid: Editorial Kókinos, 1993. 36p. ISBN: 84-88342-02-0.

Paulsen, Gary. *La tortillería*. Ilustrado por Ruth Wright Paulsen. Traducido por Gloria de Aragón Andújar. San Diego: Harcourt Brace, 1995. 32p. ISBN: 0-15-200237-5.

Pfister, Marcus. *Destello el dinosaurio*. Ilustrado por el autor. Traducido por José Moreno. New York: Ediciones Norte-Sur, 1995. 32p. ISBN: 1-55858-387-4.

Pfister, Marcus. *El pez arco iris*. Traducido del alemán por Ana Tortajada. New York: Ediciones Norte-Sur, 1994. 34p. ISBN: 1-55858-362-9.

Reid, Margarette S. *La caja de los botones*. Ilustrado por Sarah Chamberlain. New York: Dutton, 1995. 24p. ISBN: 0-525-45445-4.

Rice, James. *La Nochebuena South of the Border*. Traducido por Ana Smith. Gretna, LA: Pelican, 1993. 28p. ISBN: 0-88289-966-X.

Schaefer, Jackie Jasina. *El día de miranda para bailar*. Traducido por Alberto Blanco. New York: Four Winds Press, 1994. 30p. ISBN: 0-02-781112-3.

Slobodkina, Esphyr. *Se venden gorras*. Ilustrado por el autor. Traducido por Teresa Mlawer. New York: HarperCollins/Harper Arco Iris, 1995. 44p. ISBN: 0-06-025330-4.

Talkington, Bruce. *Disney la navidad de Winnie Puh*. Ilustrado por Alvin White Studio y otros. Traducido por Daniel Santacruz. New York: Disney Press/Little, Brown, 1994. 46p. ISBN: 0-7868-5007-8.

Torres, Leyla. *Gorrión del metro*. New York: Farrar, Straus & Giroux, 1993. 30p. ISBN: 0-374-32756-3.

Torres, Leyla. *El sancocho del sábado*. Ilustrado por la autora. New York: Mirasol/Farrar, Straus & Giroux, 1995. 32p. ISBN: 0-374-31997-9.

Waddell, Martin. *Las lechucitas*. Ilustrado por Patrick Benson. Traducido por Andrea B. Bermúdez. Miami: Santillana, 1994. 26p. ISBN: 0-88272-137-2.

Wilkes, Angela y Borgia, Rubí. *Mi primer libro de palabras en español*. New York: Dorling Kindersley, 1993. 64p. ISBN: 1-56458-262-0.

Para los lectores intermedios

Cuervos: unas viejas rimas. Ilustrado por Heidi Holder. Traducido por Victor Batallé. Barcelona: Aliorna, S.A., 1989. 30p. ISBN: 84-7713-203-8.

Babbitt, Natalie. *Cuentos del pobre diablo*. Traducido por Felicidad Blanco. New York: Farrar, Straus & Giroux, 1994. 105p. ISBN: 0-374-31769-0.

Babbitt, Natalie. *Tuck para siempre*. Traducido por Narcis Fradera. New York: Farrar, Straus & Giroux, 1993. 142p. ISBN: 0-374-48011-7.

Base, Graeme. *El signo del Caballito de Mar: Un intenso episodio en dos actos, de codicia y aventuras*. Traducido por Juan Ramón Azaola. New York: Abrams, 1994. 48p. ISBN: 0-8109-4458-8.

Benton, Michael. *Dinosaurios y otros animales prehistóricos de la A a la Z*. Traducido por Luis Ignacio de la Peña. New York: Larousse/Kingfisher, 1995. 255p. ISBN: 1-85697-542-8.

Berman, Ruth. *El bisonte americano*. Traducido por Carmen Gimez. Minneapolis: Carolrhoda, 1994. 48p. ISBN: 0-87614-976-X.

de Beer, Hans. *¿A dónde vas, osito polar?* Traducido del alemán por Humpty Dumpty. Barcelona: Editorial Lumen, 1988. 26p. ISBN: 84-264-3611-0.

de Beer, Hans. *Osito polar, ¡vuelve pronto!* Traducido del alemán por Humpty Dumpty. Barcelona: Editorial Lumen, 1988. 26p. ISBN: 84-264-3613-7.

Ende, Michael. *El secreto de Lena*. Ilustrado por Jindra Capek. Madrid: Ediciones SM, 1991. 124p. ISBN: 84-348-3357-3.

Fine, Anne. *Madame Doubtfire*. Traducido por Flora Peña. Madrid: Alfaguara, 1992. 165p. ISBN: 84-204-4680-7.

Holden, L. Dwight. *El mejor truco del abuelo*. Ilustrado por Michael Chesworth. Traducido por Laureana López Ramírez. México: Fondo de Cultura Económica, 1993. 48p. ISBN: 968-16-4032-2.

Hörger, Marlies. *La princesa que no sabía reír*. Ilustrado por Guernadi Spirin. Traducido por Alberto Jiménez Rioja. Madrid: Anaya, 1992. 24p. ISBN: 84-207-4835-8.

Ingoglia, Gina. *Disney el rey León*. Ilustrado por Marshall Toomey and Michael Humphries. Traducido por Daniel Santacruz. New York: Disney Press/Little, Brown, 1994. 96p. ISBN: 0-7868-3021-2.

Johnson, Rebecca L. *La Gran Barrera de Arrecifes: Un laboratorio viviente*. Traducido por Isabel Guerra. Minneapolis: Lerner, 1994. 96p. ISBN: 0-8225-2008-7.

Johnson, Sylvia A. y Aamodt, Alice. *La manada de lobos: Siguiendo las huellas de los lobos en su entorno natural*. Traducido por Isabel Guerra. Minneapolis: Lerner, 1994. 94p. ISBN: 0-8225-2007-9.

Kalman, Bobbie. *México: Su cultura*. (Tierra, gente y cultura) New York: Compañía Editora Crabtree, 1994. 32p. ISBN: 0-86505-370-7.

Kalman, Bobbie. *México: Su gente*. (Tierra, gente y cultura) New York: Compañía Editora Crabtree, 1994. 32p. ISBN: 0-86505-369-3.

Kalman, Bobbie. *México: Su tierra*. (Tierra, gente y cultura) New York: Compañía Editora Crabtree, 1994. 32p. ISBN: 0-86505-368-5.

Loretan, Sylvia. *Leo, el muñeco de nieve*. Ilustrado por Jan Lenica. Traducido del alemán por Marinella Terzi. Madrid: Ediciones S.M., 1989. 28p. ISBN: 84-348-2729-8.

Montardre, Hélène. *Al final de la cometa*. Traducido del francés por Sonia Tapia. Barcelona: Ediciones B, 1992. 125p. ISBN: 84-406-2903-6.

Nöstlinger, Christine. *El nuevo Pinocho*. Ilustrado por Nikolaus Heidelbach. Traducido del alemán por Manuel Ramírez Giménez. Valencia: Mestral Libros, 1988. 216p. ISBN: 84-7575-329-9.

Steig, William. *Doctor de Soto*. Traducido por María Puncel. Madrid: Altea, Taurus, Alfaguara, 1991. 30p. ISBN: 84-372-6616-5.

Steig, William. *Dominico*. Traducido por Maria Luisa Balseiro. New York: Mirasol/Farrar, Straus & Giroux, 1994. ISBN: 0-374-41827-6.

Steig, William. *Silvestre y la piedrecita mágica*. Traducido por Teresa Mlawer. New York: Lectorum, 1990. 32p. ISBN: 0-9625162-0-1.

Steig, William. *El verdadero ladrón*. Ilustrado por el autor. Traducido por Sonia Tapia. New York: Mirasol/Farrar, Straus & Giroux, 1993. 57p. ISBN: 0-374-30458-0.

Stuart, Dee. *El asombroso armadillo*. Traducido por Carmen Gimez. Minneapolis: Carolrhoda, 1994. 48p. ISBN: 0-87614-975-1.

Tagore, Abranindranath. *El muñeco de queso*. Ilustrado por Henriette Muniere. Traducido por Salustiano Masó. México: Consejo Nacional para la Cultura y las Artes, 1991. 132p. ISBN: 968-29-2967-9.

Colecciones Temáticas
Serie: Leyendes del Mundo (Troll Associates)

Lippert, Margaret H. *La hija de la serpiente: Leyenda brasileña*. Ilustrado por Felipe Dávalos. Traducido por Argentina Palacios. (Leyendas del Mundo) Mahwah, NJ: Troll Associates, 1993. 32p. ISBN: 0-8167-3053-9.

Mike, Jan M. *La zarigüeya y el gran creador de [sic] fuego: Leyenda mexicana*. Ilustrado por Charles Reasoner. Traducido por Argentina Palacios. (Leyendas del Mundo) Mahwah, NJ: Troll Associates, 1993. 32p. ISBN: 0-8167-3044-5.

Palacios, Argentina. *El rey colibrí: Leyenda Guatemalteca*. Ilustrado por Felipe Dávalos. Traducido por Argentina Palacios. (Leyendas del Mundo) Mahwah, NJ: Troll Associates, 1993. 32p. ISBN: 0-8167-3051-2.

Palacios, Argentina. *El secreto de la llama: Leyenda peruana*. Ilustrado por Charles Reasoner. Traducido por Argentina Palacios. (Leyendas del Mundo) Mahwah, NJ: Troll Associates, 1993. 32p. ISBN: 0-8167-3049-0.

Serie: Nuestro Planeta en Peligro (Lerner)

Mutel, Cornelia F. y Mary M. Rodgers. *Las selvas tropicales*. Traducido por Isabel Guerra. (Nuestro Planeta en Peligro) Minneapolis: Lerner, 1994. 64p. ISBN: 0-8225-2005-2.

Las traducciones 117

Wincker, Suzanne y Mary M. Rodgers. *La Antártida*. Traducido por Isabel Guerra. (Nuestro Planeta en Peligro) Minneapolis: Lerner, 1994. 64p. ISBN: 0-8225-2006-0.

Para los adolescentes

Cisneros, Sandra. *La casa en Mango Street*. Traducido por Elena Poniatowska. New York: Random/Vintage, 1994. 112p. ISBN: 0-679-75526-8.

Dickens, Charles. *Cuento de navidad*. Ilustrado por Roberto Innocenti. Traducido por Enrique Ortenbach y Anna Capmany. Barcelona: Editorial Lumen, 1990. 152p. ISBN: 84-264-3643-9.

Henry, O. *El regalo de los reyes magos*. Ilustrado por Lisbeth Zwerger. Traducido por Juan Azaola. Madrid: Santillana, 1986. 24p. ISBN: 84-372-6606-8.

12 El libro de conocimientos

Los libros informativos o de conocimientos, representan un porcentaje alto en la producción editorial para niños y jóvenes. Las bibliotecas también le dan una importancia especial a este género. Por otro lado, el gusto de los jóvenes lectores por la novela y los cuentos no significa un desinterés por las obras documentales.

Por el contrario, parece que el mito de Prometeo es aún vigente. Si bien pareciera que se buscan los libros de conocimientos con el sólo fin pragmático, esta razón no es suficiente para explicar el gusto por los libros informativos. Sería una tarea árida tomar el libro para descifrar miles de signos únicamente con objetivos útiles: aprender jardinería, una receta de cocina o un experimento de electricidad. Algunas veces se subestima la urgencia que tiene el ser humano, desde pequeño, de saber más. Reconocer un complejo de Prometeo en todo niño y joven es reconocer una tendencia que nos empuja a saber tanto como nuestros padres y maestros, aun más que ellos.

El libro en este sentido se nos ofrece como un boleto para viajar por misterios desconocidos. Los libros que tratan de la vida animal, de los fenómenos naturales, del funcionamiento del cuerpo, tienen en común que corresponden a la curiosidad del niño y del adolescente. Si bien también se aprende de la ficción, la diferencia principal radica en que el objetivo de los libros de conocimiento es el descubrimiento de los hechos. Con estos libros los niños y jóvenes adquieren nuevos conocimientos y experimentan la emoción que brinda el descubrimiento así como también se habitúan y hacen suyo el método científico.

Sabemos que los niños y los jóvenes son curiosos por principio: preguntan por el funcionamiento de las cosas, por su origen, por las razones de su comportamiento, en fin, desean conocer el mundo que los rodea así como su propio ser. Muchas de sus preguntas pueden hallar respuesta en los libros de conocimientos.

El método científico puede ofrecer al niño que empieza a conocer el mundo cierta orientación para comprender lo que le es familiar. Con el libro de conocimientos podrá reconocer los fenómenos dentro de un contexto que le ayudará a organizar los hechos de su entorno. De esta manera, el joven curioso, pasará del orden a la comparación y a establecer nuevos conceptos.

El escritor de libros informativos se enfrenta con la limitada experiencia del niño y del adolescente. El autor debe satisfacer la necesidad de saber de su lector, combinando conocimientos completos, claridad y un sentimiento de asombro. El libro de conocimientos debe evitar sugerir milagros o misterios. Un autor de libros informativos debe poder abrir una puerta al conocimiento y ofrecer, además de la información deseada, la convicción de que hay más por aprender y descubrir. Generalmente el joven lector se acerca al conocimiento con un propósito menos pragmático y más con el interés de que se le de una explicación a lo que no comprende; por ello es importante que el libro, al ofrecerle explicaciones, también le proporcione el sentimiento de que aprender cosas es emocionante y que no tiene fin.

Como el conocimiento es tan vasto, es obvio que no se le puede proporcionar "todo" a la vez al lector. El autor de los libros de conocimientos debe seleccionar las ideas claves, trasmitirlas de forma sencilla, relacionarlas con hechos que sabemos de antemano y de aquí, partir para explicar ideas más complicadas. El orden de exposición debe ir de lo conocido a lo desconocido, y ello dependerá de los conocimientos que se espera posea el joven lector.

Los conocimientos sobre nuestro entorno pueden ofrecerse al joven de una forma narrativa siempre y cuando el escritor no deforme la naturaleza en aras de la narración. El estilo, como parte esencial del sentido, es muy importante. Algunos escritores descuidan este aspecto ofreciendo textos monótonos y redundantes. La expresión debe ser clara y expresiva; las comparaciones frecuentes ofrecen mayor ayuda para la comprensión y el interés que las frases declarativas con puntos de vista omnisciente y autoritario. El autor no debe temer crear imágenes y sonidos con el lenguaje.

La ilustración del libro sirve para aclarar el texto y debe ser precisa. Recursos como diagramas, fotografías, gráficas y sus combinaciones son muy ilustrativas.

El tono, como en toda literatura infantil y juvenil, es importante. Debe ser directo, no simplista ni paternalista. El tono objetivo que busca ofrecer la verdad convence al joven. Los lectores jóvenes que conocen los procesos, los nombres exactos o las características de determinados fenómenos naturales los demuestran con orgullo. Estos lectores en busca de identificar y nombrar al mundo, aumentarán su conocimiento y su vocabulario científico en el libro informativo bien concebido.

Hay un riesgo en el uso que se le da a los libros de conocimientos en algunas escuelas. A los jóvenes se les exige que hagan "investigación bibliográfica" que en la práctica se reduce a una copia textual del libro. Ciertos adultos encubren su práctica de educadores tradicionales con actividades documentales. Pero la diferencia entre la pedagogía tradicional y los métodos más activos consiste en que los primeros acordan prioridad a la trasmisión de conocimientos en función de las intenciones del adulto. Los métodos activos también trabajan sobre libros de conocimientos pero a condición de que sean detonadores de la libre expresión de las interrogantes e intereses del joven. La obra informativa responde al interés que tiene el niño y el joven de conocer el mundo, y este interés se vuelve verdaderamente vivo cuando su afecto y su imaginación encuentran en los libros un camino para su libre expresión.

Otra precaución que se debe tomar con los libros de conocimientos es el didactismo y la propaganda. El autor puede sentirse obligado a persuadir a su joven lector de ciertos peligros, pero el resultado puede ser una mezcla de hechos y propaganda sospechosa. Los libros sobre temas controvertidos como el divorcio, la homosexualidad, el sida, las drogas y el tabaquismo, deben describir los hechos, ofrecer pruebas y así demostrar resultados. Los sermones siembran dudas y desconfianza en el lector. Los problemas deben ser presentados en toda su extensión y complejidad, para que el joven extraiga sus propias conclusiones.

Biografía

La biografía es una categoría de la obra literaria particularmente efectiva en el territorio de la edificación de los afectos. Las historias de otros y sus revelaciones nos brindan una ocasión especial para adentrarnos en nuestra propia vida.

El interés histórico no se reduce al conocimiento de las grandes hazañas. La existencia de los actores, en su calidad de hombres, nos atraen también. Biografía es el estudio histórico de la vida de un personaje y es uno de los géneros históricos que mejor se prestan a la elaboración literaria.

La biografía, como el resto de la literatura realista para jóvenes debe cumplir con los datos, con un concepto que unifica la obra, con una actitud frente al sujeto de la biografía y hacia el joven lector. Los datos sobre la persona y la época deben ser lo más exactos y recientes posibles. Se puede encontrar la información en cartas, periódicos, entrevistas, conversaciones. El concepto tiene que ver con la importancia que el autor encuentra en el personaje meritorio de su atención y esfuerzo.

El presentar la vida de una persona comporta un concepto: la devoción a los demás, la generosidad, la tenacidad frente a las adversidades.

Escribir biografías requiere seleccionar y descartar información. Una biografía interesante muestra al hombre como un ser humano creíble, con defectos, omisiones y características poco admirables. Las biografías pobres son aquellas que ignoran por completo las características negativas del personaje y presentan sólo la cara buena. Como resultado tenemos personajes acartonados e irreales. Como ejemplo encontramos tantas biografías de héroes nacionales que se confunden ya que todas son vidas estereotipadas de hombres que entregaron su vida por la patria. Las diferencias son tan pobres (uno fue justo, otro altruista, otro desinteresado) que los jóvenes no sólo pierden el interés en estas vidas, sino que, a pesar de que las estudian año tras año, no logran ubicarlas en el devenir de la historia.

Como las biografías se leen con el objeto de emular al personaje, es importante que su vida no se presente como la vida ejemplar de los santos. Los personajes épicos, que además son hombres, pueden apasionar a los jóvenes lectores cuyo primer vínculo con ellos será empático. El listado de datos y el conocimiento a secas producen un libro árido y aburrido; es indispensable ofrecer tramas completas y lazos afectuosos.

La dosificación de datos depende de la edad del destinatario. Entre más joven es el lector, requiere más fantasía, más cuento. Los lectores más grandes buscan más datos y hechos objetivos. En todos los casos, la biografía debe ser fiel a la época histórica.

La actitud del escritor refleja interés y entusiasmo por su personaje. El tono puede ser humorístico sin perder precisión. Las imágenes y los recursos de sonoridad pueden agregar a la información que buscamos sobre el personaje y su época. Lo que no es válido es construir una historia sentimental y exagerada con los hechos. Tampoco es una licencia para sermonear al lector. El autor debe despertar la curiosidad e interés de los jóvenes en las personas, sus hazañas, sus épocas, sus emociones, y al sentimiento de que la verdadera grandeza histórica no disminuye al acercarnos a ella por el lado humano.

Recomendaciones:

1. Busque libros de conocimientos que incentiven en sumo grado la natural inclinación e interés de los jóvenes por el mundo que los rodea.

2. Evite libros con lecciones y ejercicios.

3. Jamás haga memorizar a los jóvenes fechas, datos, antecedentes o referencias ya que ello impide experimentar la emoción que brinda el descubrimiento.

Tema de discusión:

Los libros de conocimientos ¿Únicamente fuentes de información o puntos de partida para responder a interrogantes personales?

Actividades:

1. Compare tres biografías de un mismo héroe nacional. ¿Contiene alguna demasiada información? ¿Es interesante su historia personal? ¿Es objetivo? o ¿el autor asume un punto de vista omnisciente sobre lo que el personaje siente y piensa?
2. Visite una biblioteca pública o escolar. ¿Cuál es la ayuda disponible en materia de conocimientos para que los jóvenes encuentren los materiales que necesitan?
3. Seleccione un libro de conocimientos que aliente al joven a realizar un experimento, de manera que desarrolle y comprenda en qué consiste un principio científico. Siga cada paso del experimento y discuta ese principio científico con el joven.

Bibliografía
El libro de conocimientos

Para los más pequeños

dePaola, Tomie. *El libro de las arenas movedizas*. Traducido por Teresa Mlawer. New York: Holiday House, 1993. 32p. ISBN: 0-8234-1056-0.

dePaola, Tomie. *El libro de las palomitas de maíz*. Traducido por Teresa Mlawer. New York: Holiday House, 1993. 32p. ISBN: 0-8234-1058-7.

Heller, Ruth. *Las gallinas no son las únicas*. Ilustrado por la autora. Traducido por Alma Flor Ada. New York: Grossett & Dunlap, 1992. 42p. ISBN: 0-448-40586-5.

Selsam, Millicent E. *Cómo crecen los gatitos*. Fotos por Neil Johnson. Traducido por Teresa Mlawer. New York: Scholastic, 1992. 30p. ISBN: 0-590-45000-X.

Colecciones Temáticas
(Holiday House)

Adler, David A. *Un libro ilustrado sobre Abraham Lincoln*. Ilustrado por John y Alexandra Wallner. Traducido por Teresa Mlawer. New York: Holiday House, 1992. 32p. ISBN: 0-8234-0980-5.

Adler, David A. *Un libro ilustrado sobre Cristóbal Colón*. Ilustrado por John and Alexandra Wallner. Traducido por Teresa Mlawer. New York: Holiday House, 1992. 32p. ISBN: 0-8234-0981-3.

Adler, David A. *Un libro ilustrado sobre Martin Luther King, hijo*. Ilustrado por Robert Casilla. Traducido por Teresa Mlawer. New York: Holiday House, 1992. 32p. ISBN: 0-8234-0982-1.

(Plaza & Janés Editores)

Animales de granja. Madrid: Plaza & Janés Editores, 1991. 21p. ISBN: 84-01-31298-1.

Animales del zoo. Madrid: Plaza & Janés Editores, 1991. 21p. ISBN: 84-01-31300-7.

Animales domésticos. Madrid: Plaza & Janés Editores, 1991. 21p. ISBN: 84-01-31304-X.

Camiones. Madrid: Plaza & Janés Editores, 1991. 21p. ISBN: 84-01-31302-3.

Coches. Madrid: Plaza & Janés Editores, 1991. 21p. ISBN: 84-01-31330-9.

Dinosaurios. Madrid: Plaza & Janés Editores, 1991. 21p. ISBN: 84-01-31332-5.

Excavadores y volquetes. Madrid: Plaza & Janés Editores, 1991. 21p. ISBN: 84-01-31336-8.

Serie: Cómo Son (Sistemas Técnicos de Edición)

Kuchalla, Susan. *Los reptiles.* Ilustrado por Paul Harvey. (Cómo Son) México: Sistemas Técnicos de Edición, 1990. 32p. ISBN: 968-6394-21-4.

Kuchalla, Susan. *Las semillas.* Ilustrado por Jane McBee. (Cómo Son) México: Sistemas Técnicos de Edición, 1990. 32p. ISBN: 968-6394-22-2.

Peters, Sharon. *Los animales nocturnos.* (Cómo Son) México: Sistemas Técnicos de Edición, 1990. 32p. Ilustrado por Paul Harvey. ISBN: 968-6394-23-0.

Wandelmaier, Roy. *Las nubes.* Ilustrado por John Jones. (Cómo Son) México: Sistemas Técnicos de Edición, 1990. 32p. ISBN: 968-6394-24-9.

Para los lectores intermedios

Cabal, Graciela Beatriz. *Carlitos Gardel.* Ilustrado por Delia Contarbio. Buenos Aires: Coquena Grupo Editor, 1991. 28p. ISBN: 950-737-028-X.

Cole, Joanna. *El autobús mágico en el interior de la tierra.* Ilustrado por Bruce Degen. Traducido por Paz Barroso. New York: Scholastic, 1993. 40p. ISBN: 0-590-46342-X.

dePaola, Tomie. *El libro de las nubes.* Traducido por Teresa Mlawer. New York: Holiday House, 1993. 32p. ISBN: 0-8234-1054-4.

Dillner, Luisa. *El cuerpo humano.* Traducido por Graciela Jáurequi Lorda de Castro. Buenos Aires: Editorial Sigmar, 1993. 17p. ISBN: 950-11-0926-7.

Kitzinger, Sheila. *Nacer.* Fotos por Lennart Nilsson. Traducido por Susana Constante. Madrid: Plaza & Janés Editores, 1986. 64p. ISBN: 84-01-37223-2.

Maestro, Betsy y Giulio. *El descubrimiento de las Américas.* Traducido por Juan González Álvaro. Madrid: Editorial Everest, 1992. 48p. ISBN: 84-241-3327-7.

Platt, Richard. *El asombroso libro del interior de: Un barco de guerra del siglo XVII.* Ilustrado por Stephen Biesty. Traducido por Juan Génova Sotil. Madrid: Santillana, 1993. 32p. ISBN: 84-372-4536-2.

Rambeck, Richard. *Kristi Yamaguchi.* Traducido por Isabel Guerra. Chicago: Child's World/Encyclopaedia Britannica, 1994. 31p. ISBN: 1-56766-109-2.

San Souci, Robert. *Los peregrinos de N.C. Wyeth.* Fotos por Malcom Varon. Traducido por Alberto Romo. New York: Lectorum, 1992. 32p. ISBN: 1-880507-03-X.

Ventura, Piero. *Las casas: Modos formas y usos de la vivienda en el tiempo.* (La Huella del Tiempo) Madrid: Editorial Everest, S.A., 1993. 64p. ISBN: 84-241-5899-7.

Colecciones Temáticas
(Coquena Grupo Editor)

Boixados, Roxana Edith, y Miguel Angel Palermo. *Los aztecas.* Buenos Aires: Coquena Grupo Editor, 1991-1992. 64p. ISBN: 950-737-017-X.

Boixados, Roxana Edith, y Miguel Angel Palermo. *Los Diaguitas.* Buenos Aires: Coquena Grupo Editor, 1991-1992. 64p. ISBN: 950-737-104-1.

Boixados, Roxana Edith, y Miguel Angel Palermo. *Los mayas.* Buenos Aires: Coquena Grupo Editor, 1991-1992. 64p. ISBN: 950-737-057-7.

Palermo, Miguel Angel. *Los jinetes del Chaco.* Buenos Aires: Coquena Grupo Editor, 1991-1992. 64p. ISBN: 950-737-111-9.

Palermo, Miguel Angel. *Los tehuelches*. Buenos Aires: Coquena Grupo Editor, 1991-1992. 64p. ISBN: 950-737-080-3.

(Editorial Everest)

Pia, María, y Alessandro Minelli. *La ballena y los animales del mar*. Ilustrado por Gabriele Pozzi. Traducido del italiano por Jacinto Haro. Madrid: Editorial Everest, 1990. 79p. ISBN: 84-241-2066-3.

Pia, María, y Alessandro Minelli. *El bisonte y los animales de América del norte*. Ilustrado por Giorgio Scarato y Franco Spaliviero. Traducido del italiano por Jacinto Haro. Madrid: Editorial Everest, 1990. 79p. ISBN: 84-241-2065-5.

Pia, María, y Alessandro Minelli. *El canguro y los animales de Australia*. Ilustrado por Lorenzo Orlandi. Traducido del italiano por Jacinto Haro. Madrid: Editorial Everest, 1990. 79p. ISBN: 84-241-2067-1.

Pia, María, y Alessandro Minelli. *El ciervo y los animales de Europa*. Ilustrado por Gabriele Pozzi. Traducido del italiano por Jacinto Haro. Madrid: Editorial Everest, 1990. 79p. ISBN: 84-241-2062-0.

Pia, María, y Alessandro Minelli. *El león y los animales de Africa*. Ilustrado por Alexis Oussenko. Traducido del italiano por Jacinto Haro. Madrid: Editorial Everest, 1990. 79p. ISBN: 84-241-2061-2.

Pia, María, y Alessandro Minelli. *La llama y los animales de América del Sur*. Ilustrado por Giorgio Scarato y Franco Spaliviero. Traducido del italiano por Jacinto Haro. Madrid: Editorial Everest, 1990. 79p. ISBN: 84-241-2064-7.

Pia, María, y Alessandro Minelli. *El perro y los animales domésticos*. Ilustrado por Lorenzo Orlandi. Traducido del italiano por Jacinto Haro. Madrid: Editorial Everest, 1990. 79p. ISBN: 84-241-2060-8.

Pia, María, y Alessandro Minelli. *El pingüino, el oso blanco, y los animales de los polos*. Ilustrado por Gabriele Pozzi. Traducido del italiano por Jacinto Haro. Madrid: Editorial Everest, 1990. 79p. ISBN: 84-241-2068-X.

Pia, María, y Alessandro Minelli. *El tigre y los animales de Asia*. Ilustrado por Lorenzo Orlandi. Traducido del italiano por Jacinto Haro. Madrid: Editorial Everest, 1990. 79p. ISBN: 84-24-2063-9.

(Editorial Grijalbo)

Heller, Ruth. *Animales que nacen vivos y sanos.* Traducido del inglés por Ivonne Murillo. México: Editorial Grijalbo, 1990. 46p. ISBN: 968-419-958-9.

Heller, Ruth. *Las gallinas no son las únicas.* Traducido del inglés por Ivonne Murillo. México: Editorial Grijalbo, 1990. 46p. ISBN: 968-419-951-1.

Heller, Ruth. *El motivo de una flor.* Traducido del inglés por Ivonne Murillo. México: Editorial Grijalbo, 1990. 46p. ISBN: 968-419-959-7.

Heller, Ruth. *Plantas que nunca florecen.* Traducido del inglés por Ivonne Murillo. México: Editorial Grijalbo, 1990. 46p. ISBN: 968-419-960-0.

Serie: Biblioteca Interactiva/Mundo Maravilloso (Ediciones S.M.)

El fuego, ¿amigo o enemigo? Traducido del francés por Fernando Bort. (Biblioteca Interactiva/Mundo Maravilloso) Madrid: Ediciones S.M., 1993. 48p. ISBN: 84-348-4109-6.

La invención de la pintura. Traducido del francés por Fernando Bort. (Biblioteca Interactiva/Mundo Maravilloso) Madrid: Ediciones S.M., 1993. 48p. ISBN: 84-348-4110-X.

La música y los instrumentos. Traducido del francés por Fernando Bort. (Biblioteca Interactiva/Mundo Maravilloso) Madrid: Ediciones S.M., 1993. 48p. ISBN: 84-348-4111-8.

Viaja por el universo. Traducido del francés por Fernando Bort. (Biblioteca Interactiva/Mundo Maravilloso) Madrid: Ediciones S.M., 1993. 48p. ISBN: 84-348-4108-8.

Serie: Biblioteca del Universo (Ediciones S.M.)

Asimov, Isaac. *Los asteroides.* (Biblioteca del Universo) Madrid: Ediciones S.M., 1989. 32p. ISBN: 84-348-2786-7.

Asimov, Isaac. *¿Ciencia o ciencia-ficción?* (Biblioteca del Universo) Madrid: Ediciones S.M., 1990. 32p. ISBN: 84-384-3238-0.

Asimov, Isaac. *Cohetes, sondas y satélites.* (Biblioteca del Universo) Madrid: Ediciones S.M., 1989. 32p. ISBN: 84-348-2792-1.

Asimov, Isaac. *¿Cómo nacen y mueren las estrellas?* (Biblioteca del Universo) Madrid: Ediciones S.M., 1990. 32p. ISBN: 84-384-3234-8.

Asimov, Isaac. *¿Cómo nació el universo?* (Biblioteca del Universo) Madrid: Ediciones S.M., 1989. 32p. ISBN: 84-348-2784-0.

Asimov, Isaac. *¿Contaminamos también el espacio?* (Biblioteca del Universo) Madrid: Ediciones S.M., 1990. 32p. ISBN: 84-384-3239-9.

Asimov, Isaac. *Guía del joven astrónomo.* (Biblioteca del Universo) Madrid: Ediciones S.M., 1989. 32p. ISBN: 84-348-2795-6.

Asimov, Isaac. *¿Hay vida en otros planetas?* (Biblioteca del Universo) Madrid: Ediciones S.M., 1990. 32p. ISBN: 84-384-3235-6.

Asimov, Isaac. *Júpiter, el gigante entre los gigantes.* (Biblioteca del Universo) Madrid: Ediciones S.M., 1990. 32p. ISBN: 84-384-3236-4.

Asimov, Isaac. *Marte, nuestro misterioso vecino.* (Biblioteca del Universo) Madrid: Ediciones S.M., 1990. 32p. ISBN: 84-348-3230-5.

Asimov, Isaac. *¿Mataron los cometas a los dinosaurios?* (Biblioteca del Universo) Madrid: Ediciones S.M., 1989. 32p. ISBN: 84-348-2787-5.

Asimov, Isaac. *Mercurio, el planeta veloz.* (Biblioteca del Universo) Madrid: Ediciones S.M., 1990. 32p. ISBN: 84-384-3237-2.

Asimov, Isaac. *Nuestra luna.* (Biblioteca del Universo) Madrid: Ediciones S.M., 1989. 32p. ISBN: 84-348-2791-3.

Asimov, Isaac. *Nuestra Vía Láctea y otras galaxias.* (Biblioteca del Universo) Madrid: Ediciones S.M., 1989. 32p. ISBN: 84-348-2793-X.

Asimov, Isaac. *Nuestro sistema solar.* (Biblioteca del Universo) Madrid: Ediciones S.M., 1989. 32p. ISBN: 84-348-2785-9.

Asimov, Isaac. *Objetos voladores no identificados.* (Biblioteca del Universo) Madrid: Ediciones S.M., 1989. 32p. ISBN: 84-348-2790-5.

Asimov, Isaac. *Quásares, púlsares y agujeros negros.* (Biblioteca del Universo) Madrid: Ediciones S.M., 1989. 32p. ISBN: 84-348-2794-8.

Asimov, Isaac. *¿Qué sabían los antiguos sobre los astros?* (Biblioteca del Universo) Madrid: Ediciones S.M., 1990. 32p. ISBN: 84-348-3233-X.

Asimov, Isaac. *Saturno, el planeta de los anillos.* (Biblioteca del Universo) Madrid: Ediciones S.M., 1990. 32p. ISBN: 84-348-3232-1.

Asimov, Isaac. *El sol.* (Biblioteca del Universo) Madrid: Ediciones S.M., 1989. 32p. ISBN: 84-348-2788-3.

Asimov, Isaac. *La tierra, nuestro hogar.* (Biblioteca del Universo) Madrid: Ediciones S.M., 1989. 32p. ISBN: 84-348-2789-1.

Asimov, Isaac. *Urano, el planeta inclinado.* (Biblioteca del Universo) Madrid: Ediciones S.M., 1990. 32p. ISBN: 84-384-3231-3.

Serie: Biblioteca Visual Altea (Altea)

Ardley, Neil. *La música.* Traducido por Maria Puncel. (Biblioteca Visual Altea) Madrid: Altea, 1989-1990. 64p. ISBN: 84-372-3711-4.

Arthur, Alex. *Moluscos, crustáceos y otros animales acorazados.* Traducido por Maria Puncel. (Biblioteca Visual Altea) Madrid: Altea, 1989–1990. 64p. ISBN: 84-372-3713-0.

Burnie, David. *El árbol.* Traducido por Maria Puncel. (Biblioteca Visual Altea) Madrid: Altea, 1989–1990. 64p. ISBN: 84-372-3708-4.

Burnie, David. *El pájaro y su nido.* Traducido por Maria Puncel. (Biblioteca Visual Altea) Madrid: Altea, 1989–1990. 64p. ISBN: 84-372-3710-6.

Burnie, David. *Hombres primitivos.* Traducido por Maria Puncel. (Biblioteca Visual Altea) Madrid: Altea, 1989–1990. 64p. ISBN: 84-372-3712-2.

Burnie, David. *Los secretos de las plantas.* Traducido por Maria Puncel. (Biblioteca Visual Altea) Madrid: Altea, 1989–1990. 64p. ISBN: 84-372-3719-X.

Byam, Michéle. *Armas y armaduras.* (Biblioteca Visual Altea) Madrid: Altea, 1990–1991. 64p. ISBN: 84-372-3723-8.

Cosgrove, Brian. *La atmósfera y el tiempo.* (Biblioteca Visual Altea) Madrid: Altea, 1991. 64p. ISBN: 84-372-3759-9.

Hart, George. *El antiguo Egipto.* (Biblioteca Visual Altea) Madrid: Altea, 1990–1991. 64p. ISBN: 84-372-3742-4.

James, Simon. *La antigua Roma.* (Biblioteca Visual Altea) Madrid: Altea, 1990–1991. 64p. ISBN: 84-372-3745-9.

McCarthy, Colin. *Reptiles.* (Biblioteca Visual Altea) Madrid: Altea, 1991. 64p. ISBN: 84-372-3761-0.

Mound, Laurence. *Los insectos.* (Biblioteca Visual Altea) Madrid: Altea, 1990–1991. 64p. ISBN: 84-372-3727-0.

Nahum, Andrew. *Máquinas voladoras.* (Biblioteca Visual Altea) Madrid: Altea, 1990–1991. 64p. ISBN: 84-372-37440.

Norman, David y Angela Milner. *Los dinosaurios.* Traducido por Maria Puncel. (Biblioteca Visual Altea) Madrid: Altea, 1989–1990. 64p. ISBN: 84-372-3720-3.

Parker, Steve. *Esqueletos.* Traducido por Maria Puncel. (Biblioteca Visual Altea) Madrid: Altea, 1989–1990. 64p. ISBN: 84-372-3724-6.

Parker, Steve. *Los mamíferos.* Traducido por Maria Puncel. (Biblioteca Visual Altea) Madrid: Altea, 1989–1990. 64p. ISBN: 84-372-3714-9.

Parker, Steve. *La orilla del mar.* Traducido por Maria Puncel. (Biblioteca Visual Altea) Madrid: Altea, 1989–1990. 64p. ISBN: 84-372-3721-1.

Parker, Steve. *Los peces.* (Biblioteca Visual Altea) Madrid: Altea, 1990–1991. 64p. ISBN: 84-372-3729-7.

El libro de conocimientos   **131**

Parker, Steve. *El río y la laguna.* Traducido por Maria Puncel. (Biblioteca Visual Altea) Madrid: Altea, 1989-1990. 64p. ISBN: 84-372-3707-6.

Sutton, Richard. *Automóviles.* (Biblioteca Visual Altea) Madrid: Altea, 1990-1991. 64p. ISBN: 84-372-3743-2.

Symes, R.F. *Rocas y minerales.* Traducido por Maria Puncel. (Biblioteca Visual Altea) Madrid: Altea, 1989-1990. 64p. ISBN: 84-372-3733-X.

Taylor, Paul D. *Los fósiles.* (Biblioteca Visual Altea) Madrid: Altea, 1990-1991. 64p. ISBN: 84-372-3728-9.

Whalley, Paul. *De la oruga a la mariposa.* Traducido por Maria Puncel. (Biblioteca Visual Altea) Madrid: Altea, 1989-1990. 64p. ISBN: 84-372-3709-21.

Serie: *Carolrhoda Nature Watch Books* (Carolrhoda)

Berman, Ruth. *El bisonte americano.* Traducido por Carmen Gómez. (A Carolrhoda Nature Watch Book) Minneapolis: Carolrhoda, 1994. 48p. ISBN: 0-87614-976-X.

Stuart, Dee. *El asombroso armadillo.* Traducido por Carmen Gómez. (A Carolrhoda Nature Watch Book) Minneapolis: Carolrhoda, 1994. 48p. ISBN: 0-87614-975-1.

Serie: *Exploremos* (Editorial Luis Vives)

Blanchard, Monique y Bénédicte Laferté. *El cuerpo y la vida.* Ilustrado por Jean-Marie Alix y Jean-Pierre Foissy. (Exploremos) Zaragoza: Editorial Luis Vives, 1990. 53p. ISBN: 84-263-1964-5.

Gourier, James. *Los bosques.* Ilustrado por Sylvaine Pérols. (Exploremos) Zaragoza: Editorial Luis Vives, 1990. 53p. ISBN: 84-263-1962-9.

Mesclun, Marie. *Los desiertos.* Ilustrado por Sylvaine Perols. (Exploremos) Zaragoza: Editorial Luis Vives, 1990. 53p. ISBN: 84-263-1963-7.

Mesclun, Marie. *Los polos.* Ilustrado por Sylvaine Pérols. (Exploremos) Zaragoza: Editorial Luis Vives, 1990. 53p. ISBN: 84-263-1965-3.

Vial, Mauricette. *El tiempo y las estaciones.* Ilustrado por Daniel Moignot. (Exploremos) Zaragoza: Editorial Luis Vives, 1990. 53p. ISBN: 84-263-1961-0.

Serie: *El Gran Encuentro 1989* (Ediciones S.M.)

Banacloche, Julieta. *De aventurero a almirante Cristobal Colon.* Ilustrado por Nivio López Vigil. (El Gran Encuentro) Madrid: Ediciones S.M., 1989. 74p. ISBN: 84-348-2778-6.

Banacloche, Julieta. *En vísperas del gran encuentro: precedentes del viaje*. Ilustrado por Pablo Núñez. (El Gran Encuentro) Madrid: Ediciones S.M., 1989. 74p. ISBN: 84-348-2777-8.

Banacloche, Julieta. *¡Tierra a la vista! Los viajes de Colón*. Ilustrado por Nivio López Vigil. (El Gran Encuentro) Madrid: Ediciones S.M., 1989. 74p. ISBN: 84-348-2779-4.

Tutor, Pilar. *Esperando a Quetzalcóatl: los Aztecas*. Ilustrado por Javier Váquez. (El Gran Encuentro) Madrid: Ediciones S.M., 1989. 74p. ISBN: 84-348-2781-6.

Tutor, Pilar. *El imperio del sol: los incas*. Ilustrado por Olga Pérez Alonso. (El Gran Encuentro) Madrid: Ediciones S.M., 1989. 74p. ISBN: 84-348-2782-4.

Tutor, Pilar. *El poblamiento de América: primeras culturas*. Ilustrado por Federico Delicado. (El Gran Encuentro) Madrid: Ediciones S.M., 1989. 74p. ISBN: 84-348-2780-8.

Serie: El Gran Encuentro 1990 (Ediciones S.M.)

González, Cristina. *El dorado: exploración de América ecuatorial*. (El Gran Encuentro) Madrid: Ediciones S.M., 1990. 74p. ISBN: 84-348-3203-8.

González, Cristina. *El fin de los hijos del Sol: Pizarro y la conquista del imperio inca*. (El Gran Encuentro) Madrid: Ediciones S.M., 1990. 74p. ISBN: 845-348-3107-4.

González, Cristina. *Rumbo al misterioso norte: de California a Alaska*. (El Gran Encuentro) Madrid: Ediciones S.M., 1990. 74p. ISBN: 84-348-3109-0.

Tutor, Pilar. *Chichén Itzá, la ciudad sagrada: los mayas*. (El Gran Encuentro) Madrid: Ediciones S.M., 1990. 74p. ISBN: 84-348-2783-2.

Vázquez, Germán. *La caída del águila: Cortes y la conquista del imperio azteca*. (El Gran Encuentro) Madrid: Ediciones S.M., 1990. 74p. ISBN: 84-348-3106-6.

Vázquez, Germán. *Las siete ciudades de Cíbola: los españoles en el sur de los Estados Unidos*. (El Gran Encuentro) Madrid: Ediciones S.M., 1990. 74p. ISBN: 84-348-3108-2.

Vázquez, Germán. *La vida en las selvas, las pampas y los Andes: indios de suramérica*. (El Gran Encuentro) Madrid: Ediciones S.M., 1990. 74p. ISBN: 84-348-3110-4.

Serie: *Grandes Pintores para Niños* (Ediciones B)

Delmar, Albert. *Goya: Aún aprendo*. Ilustrado por F. Salvà. (Grandes Pintores para Niños) Barcelona: Ediciones B, 1992. 29p. ISBN: 84-406-3124-3.

Delmar, Albert. *Leonardo: Pintor, inventor y sabio*. Ilustrado por F. Salvà. (Grandes Pintores para Niños) Barcelona: Ediciones B, 1992. 29p. ISBN: 84-406-3125-1.

Delmar, Albert. *Miró: La hormiga y las estrellas*. Ilustrado por F. Salvà. (Grandes Pintores para Niños) Barcelona: Ediciones B, 1992. 29p. ISBN: 84-406-3127-8.

Delmar, Albert. *Picasso: Yo no busco, encuentro*. Ilustrado por F. Salvà. (Grandes Pintores para Niños) Barcelona: Ediciones B, 1992. 29p. ISBN: 84-406-3129-4.

Delmar, Albert. *Rembrandt: Comerciante de Amsterdam*. Ilustrado por F. Salvà. (Grandes Pintores para Niños) Barcelona: Ediciones B, 1992. 29p. ISBN: 84-406-3128-6.

Delmar, Albert. *Velázquez: Un pintor de palacio*. Ilustrado por F. Salvà. (Grandes Pintores para Niños) Barcelona: Ediciones B, 1992. 29p. ISBN: 84-406-3126-X.

Serie: *Una Historia Argentina* (Libros del Quirquincho)

Bertoni, Lilia Ana, y Luis Alberto Romero. *Cronología (1418-1983) Argentina y el mundo*. Ilustrado por Carlos Schlaen. (Una Historia Argentina) Buenos Aires: Libros del Quirquincho, 1992. 62p. ISBN: 950-737-093-1.

Bertoni, Lilia Ana, y Luis Alberto Romero. *Entre dictaduras y democracias*. Ilustrado por Carlos Schlaen. (Una Historia Argentina) Buenos Aires: Libros del Quirquincho, 1992. 62p. ISBN: 950-737-058-5.

Serie: *Historia del Hombre* (Ediciones S.M.)

Dambrosio, Mónica, y Roberto Barbieri. *El nuevo mundo: desde el descubrimiento hasta la independencia*. Ilustrado por Remo Berselli (Historia del Hombre) Madrid: Ediciones S.M., 1991-1992. 63p. ISBN: 84-348-3449-9.

Dambrosio, Mónica, y Roberto Barbieri. *El paso al mundo moderno*. Ilustrado por Remo Berselli (Historia del Hombre) Madrid: Ediciones S.M., 1991-1992. 63p. ISBN: 84-348-3448-0.

Serie: El Jardín de los Pintores (Grupo Anaya)

Antoine, Véronique. *Picasso: Un día en su estudio.* Traducido por María Durante y Jesús Peribáñez García. (El Jardín de los Pintores) Madrid: Grupo Anaya, 1992. 60p. ISBN: 84-207-4763-7.

Loumaye, Jacqueline. *Van Gogh: La manchita amarilla.* Ilustrado por Claudine Roucha. Traducido por María Durante y Jesús Peribáñez García. (El Jardín de los Pintores) Madrid: Grupo Anaya, 1992. 60p. ISBN: 84-207-4764-5.

Pierre, Michel. *Gauguin: El descubrimiento de un pintor.* Traducido por María Durante y Jesús Peribáñez García. (El Jardín de los Pintores) Madrid: Grupo Anaya, 1992. 60p. ISBN: 84-207-4762-9.

Pinguilly, Yves. *Leonardo de Vinci: El pintor que hablaba con los pájaros.* Traducido por María Durante y Jesús Peribáñez García. (El Jardín de los Pintores) Madrid: Grupo Anaya, 1992. 60p. ISBN: 84-207-4761-0.

Serie: Mundos Asombrosos (Editorial Bruño)

Clarke, Barry. *Asombrosos sapos y ranas.* Fotos por Jerry Young. Traducido por Juan Santiesteban. (Mundos Asombrosos) Madrid: Editorial Bruño, 1990-1991. 29p. ISBN: 84-216-1379-0.

Parsons, Alexandra. *Asombrosos animales venenosos.* Fotos por Jerry Young. Traducido por Juan Santiesteban. (Mundos Asombrosos) Madrid: Editorial Bruño, 1990-1991. 29p. ISBN: 84-216-1382-0.

Parsons, Alexandra. *Asombrosas arañas.* Fotos por Jerry Young. Traducido por Juan Santiesteban. (Mundos Asombrosos) Madrid: Editorial Bruño, 1990-1991. 29p. ISBN: 84-216-1268-9.

Parsons, Alexandra. *Asombrosas aves.* Fotos por Jerry Young. Traducido por Juan Santiesteban. (Mundos Asombrosos) Madrid: Editorial Bruño, 1990-1991. 29p. ISBN: 84-216-1269-7.

Parsons, Alexandra. *Asombrosas serpientes.* Fotos por Jerry Young. Traducido por Juan Santiesteban. (Mundos Asombrosos) Madrid: Editorial Bruño, 1990-1991. 29p. ISBN: 84-216-1271-9.

Parsons, Alexandra. *Asombrosos felinos.* Fotos por Jerry Young. Traducido por Juan Santiesteban. (Mundos Asombrosos) Madrid: Editorial Bruño, 1990-1991. 29p. ISBN: 84-216-1380-4.

Parsons, Alexandra. *Asombrosos mamíferos.* Fotos por Jerry Young. Traducido por Juan Santiesteban. (Mundos Asombrosos) Madrid: Editorial Bruño, 1990-1991. 29p. ISBN: 84-216-1270-0.

Smith, Trevor. *Asombrosos lagartos*. Fotos por Jerry Young. Traducido por Juan Santiesteban. (Mundos Asombrosos) Madrid: Editorial Bruño, 1990-1991. 29p. ISBN: 84-216-1381-2.

Serie: Niños Famosos (Ediciones Omega)

Rachlin, Ann. *Chopin*. Ilustrado por Susan Hellard. Traducido por Anna Tous. (Niños Famosos) Barcelona: Ediciones Omega, 1994. 20p. ISBN: 84-282-0998-7.

Rachlin, Ann. *Tchaikovsky*. Ilustrado por Susan Hellard. Traducido por Anna Tous. (Niños Famosos) Barcelona: Ediciones Omega, 1994. 20p. ISBN: 84-282-1002-0.

Serie: Nuestro Planeta en Peligro (Lerner)

Mutel, Cornelia F. y Mary M. Rodgers. *Las selvas tropicales*. Traducido por Isabel Guerra. (Nuestro Planeta en Peligro) Minneapolis: Lerner, 1994. 64p. ISBN: 0-8225-2005-2.

Wincker, Suzanne y Mary M. Rodgers. *La Antártida*. Traducido por Isabel Guerra. (Nuestro Planeta en Peligro) Minneapolis: Lerner, 1994. 64p. ISBN: 0-8225-2006-0.

Serie: Pata a Pata (Ediciones Milan)

Dupont, Philippe y Valérie Tracqui. *El guepardo: rápido como el relámpago*. Traducido por Dolores U'dina. (Pata a Pata) Barcelona: Ediciones Milan, 1990. 29p. ISBN: 84-7818-141-5.

Duval, Cécile. *La mariquita el terror de los pulgones*. Traducido por Dolores U'dina. (Pata a Pata) Barcelona: Ediciones Milan, 1990. 29p. ISBN: 84-7818-142-3.

Lesaffre, Guilhem. *El ciervo: señor del bosque*. Fotos por Sege y Dominique Simon. Traducido por Dolores U'dina. (Pata a Pata) Barcelona: Ediciones Milan, 1990. 29p. ISBN: 84-7818-145-8.

Lesaffre, Guilhem. *Las lechuzas: amigas de la noche*. Fotos por Jean-Francois Franco y Thierry Bonnard. Traducido por Dolores U'dina. (Pata a Pata) Barcelona: Ediciones Milan, 1990. 29p. ISBN: 84-7818-144-X.

Serie: ¿Qué sabemos sobre . . . ? (Ediciones S.M.)

Corbishley, Mike. *¿Qué sabemos sobre los romanos?* Traducido por Pilar León Fiz. (¿Qué sabemos sobre . . . ?) Madrid: Ediciones S.M., 1993. 45p. ISBN: 84-348-3923-7.

Defrates, Joanna. *¿Qué sabemos sobre los aztecas?* Traducido por Jesús Valiente. (¿Qué sabemos sobre . . . ?) Madrid: Ediciones S.M., 1993. 45p. ISBN: 84-348-3927-X.

Martel, Hazel Mary. *¿Qué sabemos sobre los vikingos?* Traducido por Raquel Velázquez. (¿Qué sabemos sobre . . . ?) Madrid: Ediciones S.M., 1993. 45p. ISBN: 84-348-3925-3.

Pearson, Anne. *¿Qué sabemos sobre los griegos?* Traducido por Jesús Valiente Malla. (¿Qué sabemos sobre . . . ?) Madrid: Ediciones S.M., 1993. 45p. ISBN: 84-348-3921-0.

Serie: *Ventana al Mundo* (Plaza Joven)

Becklake, Sue. *El espacio: estrellas, planetas y naves espaciales.* Ilustrado por Brian Delf y Luciano Corbella. Traducido por Javier Gómez Rea. (Ventana al Mundo) Madrid: Plaza Joven, 1988 & 1990. 64p. ISBN: 84-7655-560-1.

Burnie, David. *Cómo funcionan las máquinas.* Ilustrado por Aziz Khan y otros. Traducido por Javier Gómez Rea. (Ventana al Mundo) Madrid: Plaza Joven, 1988 & 1990. 64p. ISBN: 84-01-31246-9.

Caselli, Giovanni. *Maravillas del mundo.* Ilustrado por Mark Bergin y otros. Traducido por Javier Gómez Rea. (Ventana al Mundo) Madrid: Plaza Joven, 1988 & 1990. 64p. ISBN: 84-7655-559-8.

Millard, Anne. *Cómo ha vivido la humanidad.* Ilustrado por Sergio. (Ventana al Mundo) Madrid: Plaza Joven, 1988 & 1990. 64p. ISBN: 84-7655-639-X.

Parker, Steve. *La aviación a través de los tiempos.* Traducido por Javier Gómez Rea. (Ventana al Mundo) Madrid: Plaza Joven, 1988 & 1990. 64p. ISBN: 84-0131-245-0.

Parker, Steve. *Cómo es la tierra.* Ilustrado por Giulano Fornari y Luciano Corbella. Traducido por Javier Gómez Rea. (Ventana al Mundo) Madrid: Plaza Joven, 1988 & 1990. 64p. ISBN: 84-7655-638-1.

Serie: *Viaje a través de la Historia del Mundo* (Plaza Joven)

Albert, Jean-Paul. *Viaje por la China de los emperadores manchúes.* Ilustrado por Chica. (Viaje a través de la Historia del Mundo) Barcelona: Plaza Joven, 1989. 68p. ISBN: 84-7655-677-2.

Brochard, Philippe. *Viaje por el corazón de la edad media.* Ilustrado por Hughes Labiano y Bruno Le Sourd. (Viaje a través de la Historia del Mundo) Barcelona: Plaza Joven, 1989. 68p. ISBN: 84-7655-704-3.

Maruéjol, Florence. *Viaje por el Egipto de los faraones.* Ilustrado por Catherine de Séabra. (Viaje a través de la Historia del Mundo) Barcelona: Plaza Joven, 1989. 68p. ISBN: 84-7655-705-1.

Trimback, Eliz. *Viaje por la Roma de los césares.* Ilustrado por Loïc Derrien. (Viaje a través de la Historia del Mundo) Barcelona: Plaza Joven, 1989. 68p. ISBN: 84-7655-676-4.

Para los adolescentes

Grandes biografías. Barcelona: Ediciones Océano, 1992. 4 vol. ISBN: 84-7764-593-0.

Castelló, José Emilio. *La primera guerra mundial.* Biblioteca Básica de Historia. Madrid: Grupo Anaya, 1993. 96p. ISBN: 84-207-4825-0.

Connolly, Peter. *Las legiones romanas.* (La Vida en el Pasado) Madrid: Grupo Anaya, 1989. 64p. ISBN: 84-207-3538-8.

Dahl, Roald. *Mi año.* Ilustrado por Quentin Blake. Traducido por Mª José Guitián. Madrid: Ediciones S.M., 1994. 137p. ISBN: 84-348-4548-2.

Elliott, J.H. editor. *El mundo hispánico: civilización e imperio, Europa y América, pasado y presente.* Traducido del inglés por Jordi Ainaud y otros. Barcelona: Editorial Crítica, 1991. 272p. ISBN: 84-7423-508-1.

Heslewood, Juliet. *Introducción a Picasso.* Traducido por Paloma Farré Díaz. Madrid: Celeste Ediciones, 1993. 32p. ISBN: 84-87553-33-8.

Parker, Steve. *Dime cómo funciona.* Madrid: Ediciones Larousse, S.A., 1991. Distribuido por The Millbrook Press, 1992. 157p. ISBN: 1-56294-179-8.

Ryan, Elizabeth A. *Hablemos francamente de las drogas y el alcohol.* New York: Facts on File, 1990. 152p. ISBN: 0-8160-2496-0.

Santiago, Esmeralda. *Cuando era puertorriqueña.* New York: Random/Vintage, 1994. 296p. ISBN: 0-679-75677-9.

Colecciones Temáticas
(Consejo Nacional para la Cultura y las Artes/Pangea Editores)

Burgos, Estrella. *El naturalista de los cielos: William Herschel*. México: Consejo Nacional para la Cultura y las Artes/Pangea Editores, 1992-1993. 100p. ISBN: 968-6177-52-3.

Fresán, Magdalena. *El sabio apasionado: Robert Koch*. México: Consejo Nacional para la Cultura y las Artes/Pangea Editores, 1992-1993. 109p. ISBN: 968-6177-54-X.

García, Marie. *La cacería de lo inestable: Marie Curie*. México: Consejo Nacional para la Cultura y las Artes/Pangea Editores, 1992-1993. 124p. ISBN: 968-6177-55-8.

(Pangea Editores)

Chamizo, José Antonio. *El maestro de lo infinitamente pequeño: John Dalton*. México: Pangea Editores, 1991-1992. 110p. ISBN: 968-6177-46-9.

Fresán, Magdalena. *El perdedor iluminado: Ignaz Philipp Semmelweis*. México: Pangea Editores, 1991-1992. 110p. ISBN: 968-6177-38-8.

Gallardo-Cabello, Manuel. *Atrapados en la doble hélice: Watson y Crick*. México: Pangea Editores, 1991-1992. 110p. ISBN: 968-6177-45-0.

García, Horacio. *El alquimista errante: Paracelso*. México: Pangea Editores, 1991-1992. 110p. ISBN: 968-6177-43-4.

Lozoya, Xavier. *El preguntador del rey: Francisco Hernández*. México: Pangea Editores, 1991-1992. 110p. ISBN: 968-6177-42-6.

Rojas, José Antonio. *El visionario de la anatomía: Andreas Vesalius*. México: Pangea Editores, 1991-1992. 110p. ISBN: 968-6177-42-2.

Rojo, Ariel. *El príncipe del conocimiento: Georges Louis de Buffon*. México: Pangea Editores, 1991-1992. 110p. ISBN: 968-6177-48-5.

Stanislawski, Estanislao C. y Silvia M. Stanislawski. *El descubridor del oro de Troya: Heinrich Schliemann*. México: Pangea Editores, 1991-1992. 110p. ISBN: 968-6177-37-X.

Swaan, Bram de. *El malabarista de los números: Blaise Pascal*. México: Pangea Editores, 1991-1992. 110p. ISBN: 968-6177-36-1.

Serie: América Ayer y Hoy (Cultural, S.A. de Ediciones)

Alcina Franch, José. *A la sombra del cóndor*. Ilustrado por Marina Seoane Pascual. (América Ayer y Hoy) Madrid: Cultural, S.A. de Ediciones, 1992. 63p. ISBN: 84-86732-94-8.

Ciudad Ruiz, Andrés. *Así nació América*. Ilustrado por Marina Seoane Pascual. (América Ayer y Hoy) Madrid: Cultural, S.A. de Ediciones, 1992. 63p. ISBN: 84-86732-92-1.

León-Portilla, Miguel. *Encuentro de dos mundos*. Ilustrado por Marina Seoane Pascual. (América Ayer y Hoy) Madrid: Cultural, S.A. de Ediciones, 1992. 63p. ISBN: 84-86732-96-4.

Lucena Salmoral, Manuel. *América inglesa y francesa*. Ilustrado por Alicia Cañas Cortázar. (América Ayer y Hoy) Madrid: Cultural, S.A. de Ediciones, 1992. 63p. ISBN: 84-86732-98-0.

Martínez Díaz, Nelson y Eduardo L. Moyano Bozzani. *La independencia americana*. Ilustrado por Alicia Cañas Cortázar. (América Ayer y Hoy) Madrid: Cultural, S.A. de Ediciones, 1992. 63p. ISBN: 84-86732-99-9.

Vázquez Chamorro, Germán. *América hoy*. Ilustrado por Alicia Cañas Cortázar. (América Ayer y Hoy) Madrid: Cultural, S.A. de Ediciones, 1992. 63p. ISBN: 84-8055-000-7.

Vázquez Chamorro, Germán. *Mayas, aztecas, incas*. Ilustrado por Marina Seoane Pascual. (América Ayer y Hoy) Madrid: Cultural, S.A. de Ediciones, 1992. 63p. ISBN: 84-86732-91-3.

Vázquez Chamorro, Germán. *Los pueblos del maíz*. Ilustrado por Marina Seoane Pascual. (América Ayer y Hoy) Madrid: Cultural, S.A. de Ediciones, 1992. 63p. ISBN: 84-86732-93-X.

Vines Azancot, Pedro A. y Josefa Vega. *Los siglos coloniales*. Ilustrado por Alicia Cañas Cortázar. (América Ayer y Hoy) Madrid: Cultural, S.A. de Ediciones, 1992. 63p. ISBN: 84-86732-97-2.

Serie: Biblioteca Visual Altea (Santillana, S.A.)

Clarke, Barry. *Anfibios*. Fotos por Geoff Brightling y Frank Greenaway. (Biblioteca Visual Altea) Madrid: Santillana, S.A., 1993. 64p. ISBN: 84-372-3775-0.

Clutton-Brock, Juliet. *Caballos*. (Biblioteca Visual Altea) Madrid: Santillana, 1992-1993. 64p. ISBN: 84-372-3766-1.

Clutton-Brock, Juliet. *Gatos*. (Biblioteca Visual Altea) Madrid: Santillana, 1992-1993. 64p. ISBN: 84-372-3765-3.

Clutton-Brock, Juliet. *Perros*. (Biblioteca Visual Altea) Madrid: Santillana, 1992-1993. 64p. ISBN: 84-372-3763-7.

Coiley, John. *Trenes*. (Biblioteca Visual Altea) Madrid: Santillana, 1992-1993. 64p. ISBN: 84-372-3772-6.

Gravett, Christopher. *Caballeros.* Fotos por Geoff Dann. (Biblioteca Visual Altea) Madrid: Santillana, S.A., 1993. 64p. ISBN: 84-372-3776-9.

Kentley, Eric. *Barcos.* (Biblioteca Visual Altea) Madrid: Santillana, 1992-1993. 64p. ISBN: 84-372-3769-6.

MacQuitty, Miranda. *Tiburones.* (Biblioteca Visual Altea) Madrid: Santillana, 1992-1993. 64p. ISBN: 84-372-3770-X.

Matthews, Rupert. *Exploradores.* (Biblioteca Visual Altea) Madrid: Santillana, 1992-1993. 64p. ISBN: 84-372-3764-5.

Pearson, Anne. *La antigua Grecia.* (Biblioteca Visual Altea) Madrid: Santillana, 1992-1993. 64p. ISBN: 84-372-3771-8.

Putnam, James. *Momias.* Fotos por Peter Hayman. (Biblioteca Visual Altea) Madrid: Santillana, S.A., 1993. 64p. 84-372-3777-7.

Rose, Susanna van. *Volcanes.* (Biblioteca Visual Altea) Madrid: Santillana, 1992-1993. 64p. ISBN: 84-372-3773-4.

Rowland-Warne, L. *Trajes.* (Biblioteca Visual Altea) Madrid: Santillana, 1992-1993. 64p. ISBN: 84-372-3768-8.

Tubb, Jonathan N. *Los pueblos de la Biblia.* (Biblioteca Visual Altea) Madrid: Santillana, 1992-1993. 64p. ISBN: 84-372-3762-9.

Serie: Biografías para Niños (Instituto Nacional de Estudios Históricos de la Revolución Mexicana)

Cardoso, Regina. *Sor Juana Inés de la Cruz.* Ilustrado por Bruno González. (Biografías para Niños) Mexico: Instituto Nacional de Estudios Históricos de la Revolución Mexicana, 1992. 35p. ISBN: 968-805-440-2.

Espejel, Laura y Ruth Solís Vicarte. *Emiliano Zapata.* Ilustrado por Claudia de Teresa. (Biografías para Niños) Mexico: Instituto Nacional de Estudios Históricos de la Revolución Mexicana, 1992. 35p. ISBN: 968-805-234-4.

Pérez Campa, Mario A. y Ruth Solís Vicarte. *Cuauhtémoc.* Ilustrado por María Figueroa. (Biografías para Niños) Mexico: Instituto Nacional de Estudios Históricos de la Revolución Mexicana, 1992. 35p. ISBN: 968-805-430-5.

Ruiz Lombardo, Andrés y Ruth Solís Vicarte. *Benito Juárez.* Ilustrado por Rafael Barajas. (Biografías para Niños) Mexico: Instituto Nacional de Estudios Históricos de la Revolución Mexicana, 1992. 35p. ISBN: 968-805-367-8.

Trejo Estrada, Evelia y Aurora Cano Andaluz. *Guadalupe Victoria*. Ilustrado por Rafael Barajas. (Biografías para Niños) Mexico: Instituto Nacional de Estudios Históricos de la Revolución Mexicana, 1992. 35p. ISBN: 968-805-362-7.

Serie: Colección Atlas del Saber (Editorial Sigmar)

Carwardine, Mark. *Atlas de los animales*. Traducido por Elida Marta Colella. (Colección Atlas del Saber) Buenos Aires: Editorial Sigmar, 1992. 64p. ISBN: 950-11-0886-4.

Crocker, Mark. *Atlas del cuerpo humano*. Traducido por Elida Marta Colella. (Colección Atlas del Saber) Buenos Aires: Editorial Sigmar, 1992. 64p. ISBN: 950-11-0888-0.

Nicolson, Iain. *Atlas del espacio*. Traducido por Elida Marta Colella. (Colección Atlas del Saber) Buenos Aires: Editorial Sigmar, 1992. 64p. ISBN: 950-11-0887-2.

Wood, Robert Muir. *Atlas de la prehistoria*. Traducido por Elida Marta Colella. (Colección Atlas del Saber) Buenos Aires: Editorial Sigmar, 1992. 64p. ISBN: 950-11-0889-9.

Serie: Explorer (Ediciones Larousse)

Beautier, Francois. *Descubrir la tierra*. Ilustrado por Francois Davot. (Explorer) Madrid: Ediciones Larousse, 1991. Distribuido por Brookfield, CT: The Millbrook Press, 1992. 96p. ISBN: 1-56294-175-5.

Chiesa, Pierre. *Volcanes y terremotos*. Ilustrado por Jean-Louis Henriot. (Explorer) Madrid: Ediciones Larousse, 1991. Distribuido por Brookfield, CT: The Millbrook Press, 1992. 96p. ISBN: 1-56294-176-3.

Le Loeuff, Jean. *La aventura de la vida*. Ilustrado por Véronique Ageorges. (Explorer) Madrid: Ediciones Larousse, 1991. Distribuido por Brookfield, CT: The Millbrook Press, 1992. 96p. ISBN: 1-56294-177-1.

Pouts-Lajus, Serge. *Robots y ordenadores*. (Explorer) Madrid: Ediciones Larousse, 1991. Distribuido por Brookfield, CT: The Millbrook Press, 1992. 96p. ISBN: 1-56294-178-X.

Serie: Gente de Ayer y Hoy (Ediciones S.M.)

Araújo, Joaquín. *Félix Rodríguez de la Fuente: El amigo de los animales que nos mostró los secretos de la naturaleza*. (Gente de Ayer y Hoy) Madrid: Ediciones S.M., 1991. 64p. ISBN: 84-348-3486-3.

Craig. Mary. *Lech Walesa*. (Gente de Ayer y Hoy) Madrid: Ediciones S.M., 1990. 64p. ISBN: 84-348-3297-6.

Gray, Charlotte. *Bob Geldof*. (Gente de Ayer y Hoy) Madrid: Ediciones S.M., 1990-1991. 64p. ISBN: 84-348-3483-9.

Gray, Charlotte. *La Madre Teresa de Calcuta*. (Gente de Ayer y Hoy) Madrid: Ediciones S.M., 1990. 64p. ISBN: 84-348-3292-5.

Nicholson, Michael. *Mahatma Gandhi: El hombre que, mediante la no violencia, liberó a la India del dominio colonial*. (Gente de Ayer y Hoy) Madrid: Ediciones S.M., 1991. 64p. ISBN: 84-348-3484-7.

Schloredt, Valerie y Pam Brown. *Martin Luther King*. (Gente de Ayer y Hoy) Madrid: Ediciones S.M., 1990. 64p. ISBN: 84-348-3294-1.

Sproule, Anna. *Thomas Alva Edison*. (Gente de Ayer y Hoy) Madrid: Ediciones S.M., 1990-1991. 64p. ISBN: 84-348-3520-7

Sproule, Anna. *Charles Darwin*. (Gente de Ayer y Hoy) Madrid: Ediciones S.M., 1990. 64p. ISBN: 84-348-3295-X.

Sproule, Anna. *Los hermanos Wright*. (Gente de Ayer y Hoy) Madrid: Ediciones S.M., 1990. 64p. ISBN: 84-348-3293-3.

White, Michael. *Isaac Newton*. (Gente de Ayer y Hoy) Madrid: Ediciones S.M., 1990-1991. 64p. ISBN: 84-348-3485-5.

Winner, David. *Desmond Tutu*. (Gente de Ayer y Hoy) Madrid: Ediciones S.M., 1990. 64p. ISBN: 84-348-3296-8.

Serie: Historia de los Hombres (Editorial Luis Vives)

Gandiol-Coppin, Brigitte. *Los grandes descubrimientos*. Ilustrado por Véronique Ageorges. (Historia de los Hombres) Zaragoza: Editorial Luis Vives, 1990. 77p. ISBN: 84-263-1945-9.

Peyronnet, Caroline de. *La era de las revoluciones*. Ilustrado por Michael Welphy. (Historia de los Hombres) Zaragoza: Editorial Luis Vives, 1990. 77p. ISBN: 84-263-1948-3.

Pierre, Michel. *La edad industrial*. (Historia de los Hombres) Zaragoza: Editorial Luis Vives, 1990. 77p. ISBN: 84-263-1946-7.

Ponthus, René. *El mundo de hoy*. (Historia de los Hombres) Zaragoza: Editorial Luis Vives, 1990. 77p. ISBN: 84-263-1947-5.

Serie: Hombres Famosos (Ediciones Toray)

Dulcet, S. *Marco Polo*. (Hombres Famosos) Barcelona: Ediciones Toray, 1990-1991. 200p. ISBN: 84-310-1638-3.

Pascual, S. *Abraham Lincoln*. (Hombres Famosos) Barcelona: Ediciones Toray, 1990-1991. 200p. ISBN: 84-310-1740-6.
Pascual, S. *Alejandro Magno*. (Hombres Famosos) Barcelona: Ediciones Toray, 1990-1991. 200p. ISBN: 84-310-1846-1.
Pascual, S. *Leonardo da Vinci*. (Hombres Famosos) Barcelona: Ediciones Toray, 1990-1991. 200p. ISBN: 84-310-1742-2.
Sotillos, E. *Cervantes*. (Hombres Famosos) Barcelona: Ediciones Toray, 1990-1991. 200p. ISBN: 84-310-1682-5.
Sotillos, E. *Cristóbal Colon*. (Hombres Famosos) Barcelona: Ediciones Toray, 1990-1991. 200p. ISBN: 84-310-1829-1.
Sotillos, E. *Hernán Cortés*. (Hombres Famosos) Barcelona: Ediciones Toray, 1990-1991. 200p. ISBN: 84-310-1781-3.
Sotillos, E. *Napoleón*. (Hombres Famosos) Barcelona: Ediciones Toray, 1990-1991. 200p. ISBN: 84-310-1702-3.

Serie: El Patrimonio de la Humanidad (Incafo S.A. Ediciones S.M.)

Castillo, María y Esther. *Palacios europeos*. Vol. 13. (El Patrimonio de la Humanidad) Madrid: Incafo S.A. Ediciones S.M., 1990-1991. 32p. ISBN: 84-348-3071-X.
Cervera, Isabel. *El imperio mogol*. Vol. 19. (El Patrimonio de la Humanidad) Madrid: Incafo S.A. Ediciones S.M., 1990-1991. 32p. ISBN: 84-348-3285-2.
Córdoba, María. *Cuidades árabes del Magreb*. Vol. 18. (El Patrimonio de la Humanidad) Madrid: Incafo S.A. Ediciones S.M., 1990-1991. 32p. ISBN: 84-348-3284-4.
Cortés Salinas, José L. *El imperio romano*. Vol. 17. (El Patrimonio de la Humanidad) Madrid: Incafo S.A. Ediciones S.M., 1990-1991. 32p. ISBN: 84-348-3075-2.
Echevarría, Estela. *El arte bizantino*. Vol. 21. (El Patrimonio de la Humanidad) Madrid: Incafo S.A. Ediciones S.M., 1990-1991. 32p. ISBN: 84-348-3287-9.
Ruiz de Larramendi, Alberto. *Arrecifes de coral*. Vol. 16. (El Patrimonio de la Humanidad) Madrid: Incafo S.A. Ediciones S.M., 1990-1991. 32p. ISBN: 84-348-3074-4.
Ruiz de Larramendi, Alberto. *Bosques tropicales de América Central*. Vol. 20. (El Patrimonio de la Humanidad) Madrid: Incafo S.A. Ediciones S.M., 1990-1991. 32p. ISBN: 84-348-3286-0.

Ruiz de Larramendi, Alberto. *Colosos de la naturaleza*. Vol. 12. (El Patrimonia de la Humanidad) Madrid: Incafo, S.A., Ediciones S.M., 1989. 32p. ISBN: 84-348-2801-4.

Ruiz de Larramendi, Alberto. *Los techos del mundo*. Vol. 5. (El Patrimonio de la Humanidad) Madrid: Incafo S.A., Ediciones S.M., 1988. 32p. ISBN: 84-348-2578-3.

Serra Naranjo, Rafael. *Los grandes refugios de fauna*. Vol. 3. (El Patrimonio de la Humanidad) Madrid: Incafo S.A., Ediciones S.M., 1988. 32p. ISBN: 84-348-2513-9.

Serra Naranjo, Rafael. *Las migraciones de las aves*. Vol. 8. (El Patrimonio de la Humanidad) Madrid: Incafo S.A., Ediciones S.M., 1988. 32p. ISBN: 84-348-2581-3.

Terzi, Marinella. *La antigua Grecia*. Vol. 2. (El Patrimonio de la Humanidad) Madrid: Incafo, S.A., Ediciones S.M., 1989. 32p. ISBN: 84-348-2800-6.

Terzi, Marinella. *Apoteosis del gótico europeo*. Vol. 6. (El Patrimonio de la Humanidad) Madrid: Incafo S.A., Ediciones S.M., 1988. 32p. ISBN: 84-348-2579-1.

Terzi, Marinella. *El arte rupestre prehistórico*. Vol. 14. (El Patrimonio de la Humanidad) Madrid: Incafo S.A. Ediciones S.M., 1990-1991. 32p. ISBN: 84-348-3072-8.

Terzi, Marinella. *El imperio Chino*. Vol. 9. (El Patrimonio de la Humanidad) Madrid: Incafo, S.A., Ediciones S.M., 1989. 32p. ISBN: 84-348-2798-0.

Terzi, Marinella. *El imperio de los faraones*. Vol. 2. (El Patrimonio de la Humanidad) Madrid: Incafo S.A., Ediciones S.M., 1988. 32p. ISBN: 84-348-2511-2.

Terzi, Marinella. *La huella árabe en España*. Vol. 1. (El Patrimonio de la Humanidad) Madrid: Incafo S.A., Ediciones S.M., 1988. 32p. ISBN: 84-348-2515-5.

Tutor, Pilar. *La arquitectura colonial española*. Vol. 7. (El Patrimonio de la Humanidad) Madrid: Incafo S.A., Ediciones S.M., 1988. 32p. ISBN: 84-348-2580-5.

Tutor, Pilar. *El pueblo maya*. Vol. 6. (El Patrimonio de la Humanidad) Madrid: Incafo S.A., Ediciones S.M., 1988. 32p. ISBN: 84-348-2512-0.

Ventura, Leonor. *El gran comercio de la Europa medieval*. Vol. 10. (El de la Humanidad) Madrid: Incafo, S.A., Ediciones S.M., 1989. 32p. ISBN: 84-348-2799-9.

Ventura, Leonor. *La ruta del nuevo mundo.* Vol. 15. (El Patrimonio de la Humanidad) Madrid: Incafo S.A. Ediciones S.M., 1990–1991. 32p. ISBN: 84-348-3073-6.

Serie: El Túnel del Tiempo (Grupo Anaya)

MacDonald, Fiona. *En Babilonia con Hammurabi.* Ilustrado por Gerald Wood. Traducido por Nieves Méndez. (El Túnel del Tiempo) Madrid: Grupo Anaya, 1992. 32p. ISBN: 84-207-4510-3.

MacDonald, Fiona. *En la China de Ch'In Shi Huang.* Ilustrado por John James. (En Túnel del Tiempo) Madrid: Grupo Anaya, 1990. 32p. ISBN: 84-207-3566-3.

MacDonald, Fiona. *En Francia con Carlomagno.* Ilustrado por John James. Traducido por Nieves Méndez. (El Túnel del Tiempo) Madrid: Grupo Anaya, 1992. 32p. ISBN: 84-207-4511-1.

MacDonald, Fiona. *En la Grecia de Pericles.* Ilustrado por Mark Bergin y John James. (En Túnel del Tiempo) Madrid: Grupo Anaya, 1990. 32p. ISBN: 84-207-3567-1.

MacDonald, Fiona. *En París con el Rey Sol.* Ilustrado por Mark Bergin. Traducido por Nieves Méndez. (El Túnel del Tiempo) Madrid: Grupo Anaya, 1992. 32p. ISBN: 84-207-4512-X.

MacDonald, Fiona. *En la Roma de los papas.* Ilustrado por Nick Harris y John James. Traducido por Nieves Méndez. (El Túnel del Tiempo) Madrid: Grupo Anaya, 1992. 32p. ISBN: 84-207-4513-8.

MacDonald, Fiona. *En la Roma de Augusto.* Ilustrado por Mark Bergin. (En Túnel del Tiempo) Madrid: Grupo Anaya, 1990. 32p. ISBN: 84-207-3564-7.

Morley, Jacqueline. *En el Egipto de Ramsés II.* Ilustrado por Nicholas Hewetson. (En Túnel del Tiempo) Madrid: Grupo Anaya, 1990. 32p. ISBN: 84-207-3565-5.

Serie: Viajeros del Conocimiento (Consejo Nacional para la Cultura y las Artes)

Fresán, Magdalena. *El vencedor del mundo invisible: Louis Pasteur.* (Viajeros del Conocimiento) México: Consejo Nacional para la Cultura y las Artes, 1989–1990. 110p. ISBN: 968-6177-28-0.

García, Horacio. *El químico de las profecías: Dimitri I. Mendeléiev.* (Viajeros del Conocimiento) México: Consejo Nacional para la Cultura y las Artes, 1989–1990. 110p. ISBN: 968-6177-30-2.

Lozoya, Xavier. *El ruso de los perros: Iván P. Pavlov.* (Viajeros del Conocimiento) México: Consejo Nacional para la Cultura y las Artes, 1989-1990. 110p. ISBN: 968-6177-26-4.

Schussheim, Victoria. *El viajero incomparable: Charles Darwin.* (Viajeros del Conocimiento) México: Consejo Nacional para la Cultura y las Artes, 1989-1990. 110p. ISBN: 968-6177-01-9.

Swaan, Bram de. *El inglés de la manzana: Isaac Newton.* (Viajeros del Conocimiento) México: Consejo Nacional para la Cultura y las Artes, 1989-1990. 110p. ISBN: 968-6177-00-0.

Swaan, Bram de. *El inventor del porvenir: James Clerk Maxwell.* (Viajeros del Conocimiento) México: Consejo Nacional para la Cultura y las Artes, 1989-1990. 110p. ISBN: 968-6177-29-9.

Serie: Yo, Memorias (Grupo Anaya)

Bayard, Georges. *Yo, Eric el rojo.* Ilustrado por Morgan. (Yo, Memorias) Madrid: Grupo Anaya, 1990. 119p. ISBN: 84-207-3826-3.

Cheraqui, Yves. *Yo, Galileo.* Ilustrado por Jean-Michel Payet. (Yo, Memorias) Madrid: Grupo Anaya, 1990. 119p. ISBN: 84-207-3823-9.

Mauffret, Yvon. *Yo, Magallanes.* Ilustrado por Serge Hochain. (Yo, Memorias) Madrid: Grupo Anaya, 1990. 119p. ISBN: 84-207-3824-7.

Roland, Claudine y Didier Grosjean. *Yo, Nefertiti.* Ilustrado por Veronique Ageorges. (Yo, Memorias) Madrid: Grupo Anaya, 1990. 119p. ISBN: 84-207-3825-5.

Sauquet, Michel. *Yo, Calígula.* Ilustrado por Michel Welply. (Yo, Memorias) Madrid: Grupo Anaya, 1990. 119p. ISBN: 84-207-3822-0.

Bibliografía para los adultos

◆

El Banco del Libro de Venezuela y la promoción de la lectura. Caracas: Banco del Libro, 1991.

Bamberger, Richard. *La promoción de la lectura.* París: Unesco, 1978.

Barthes, Roland. *El susurro del lenguaje.* España: Paidos, 1984.

Bettelheim, Bruno. *Psicoanálisis de los cuentos de hadas.* México: Grijalbo, 1988.

Blackwell, J. "From the Editor's Desk" en *The Times Literary Supplement*, 4202:1118, 1983.

Calvi, Jean. "Ilustración, diagramación y producción de libros para niños." *Parapara.* (Caracas) N° 1. pp. 13-19, Jun., 1980.

Capizzano, Beatriz. *La literatura infantil.* Buenos Aires: Editorial Juvenil, 1980 (Enciclopedia de la Educación Preescolar).

Carney, C. *The Translator's Guide (for the Spanish-English Bilingual).* ERIC Document Reproduction Service No., ED 104 144, 1974.

Cerda, Rebeca y Adriana Fonseca. *Leer de la mano: Cómo y qué leerles a los más pequeños.* México: IBBY México/Sitesa, 1993.

Charpentreau, Jacques, et al. *Les livres pour les enfants.* Paris: Les éditions ouvrières, 1977.

Colombia, Ministerio de educación nacional. *Criterios y procedimientos de selección de libros para bibliotecas escolares.* Bogotá, 1982.

Cotton, Eleanor G. and John M. Sharp. *Spanish in the Americas.* Washington, DC: Georgetown University Press, 1988.

"Los criterios generales de Banco del Libro en la selección de libros para niños y jóvenes". *Ekaré.* (Caracas) N° 26. pp. 10-16, abr., 1981.

Cullinan, Bernice. *Invitation to Read: More Children's Literature in the Reading Program.* Newark, DE: International Reading Association, 1992.

Elizagaray, Alga Marina. *Por el camino de la fantasía.* Habana: Letras Cubanas, 1983.

Escarpit, Denise. *La literatura infantil y juvenil en Europa.* México: Fondo de Cultura Económico, 1986.

Fahrman, Willi. *Los niños y los libros: Cómo descubrir una afición.* Madrid: Ediciones S.M., 1984.

Goodman, Kenneth S. *What's Whole in Whole Language.* Portsmouth, NH: Heinemann, 1986.

Held, Jacqueline. *Lo fantástico en la literatura infantil.* Buenos Aires: Paidós, 1983.

Huck, Charlotte S. y otros. *Children's Literature in the Elementary School.* Fort Worth, TX: Holt, Rinehart and Winston, 1979.

Hunt, Peter. *Criticism, Theory and Children's Literature.* Oxford: Basil Blackwell, 1991.

Jean, Georges. *Le pouvoir des contes.* Paris: Casterman, 1981.

Krashen, S. "The input hypothesis: An update" en J. Alatid (Ed.), *Georgetown University Round Table on Language and Linguistics.* Washington, DC: Georgetown University Press, 1991.

Lapesa, Rafael. *Introducción a los estudios literarios.* Madrid: Ediciones Cátedra, 1991.

Lukens, Rebecca. *A Critical Handbook of Children's Literature.* New York: HarperCollins, 1990.

Martín Rogero, Nieves y otros. *Animación a la lectura. ¿Cuántos cuentos cuentas tú?* Madrid: Editorial Popular, 1994.

Mezei, K. "Translation: The Relation Between Writer and Translator." *Meta,* 34. 209-224. 1989.

Norton, Donna E. *Through the Eyes of a Child: An Introduction to Children's Literature.* Columbus, OH: Merrill, 1983.

Pastoriza de Etchebarne, Dora. *El cuento en la literatura infantil.* Buenos Aires: Kapeluzs, 1962. (Biblioteca de Cultura Pedagógica, 76).

Pellerin, Ana. *La aventura de oír: cuentos y memorias de la tradición oral.* Madrid: Cincel, 1982.

Bibliografía para los adultos

Penny, R. *A History of the Spanish Language*. Cambridge: Cambridge University Press, 1991.

Propp, Vladimir. *La morfología del cuento*. Madrid: Editorial Fundamentos, 1981. (Colección Arte, 21).

Quigg, Claudia. *¡La alegría de leer!* Ilustrado por Tomie dePaola. Decatur, IL: Baby TALK, 1994.

Sarto, Montserrat. *Animación a la lectura*. Madrid: Ediciones S.M., 1984.

Sarto, Montserrat. Traducción y literatura infantil. *La Gaceta*: México. 251. pp. 19–20, 1991.

Savater, Fernando. *La infancia recuperada*. Madrid: Taurus, 1983.

Sutherland, Zena y May Hill Arbuthnot. *Children and Books*. New York: HarperCollins, 1991.

Todorov, Tzvetan. *Introducción a la literatura fantástica*. México: Premia, 1981.

Índice de autores

◆

A

Aamodt, Alice: *véase* Johnson, Sylvia A. y Alice Aamodt
Ada, Alma Flor, 87
Adler, David A., 124
Aguilar, Luis Miguel, 87
Albert, Jean-Paul, 136
Alcántara, Ricardo, 30
Alcina Franch, José, 138
Alexander, Martha, 48
Alfonseca, Manuel, 105
Aliki: *véase* Brandenberg, Aliki
Almagor, Gila, 105
Alonso, Manuel L., 19, 98
Altman, Linda Jacobs, 56
Andersen, Hans Christian, 56
Anderson, Paul, 80
Anónimo, Cervantes Quevedo, 19
Antoine, Véronique, 134
Araújo, Joaquín, 141
Araujo, Orlando, 40
Arbuthnot, May Hill: *véase* Sutherland, Zena y May Hill Arbuthnot
Ardley, Neil, 129
Armijo, Consuelo, 40
Arthur, Alex, 130
Ashforth, Camilla, 16, 111
Asimov, Isaac, 128, 129
Askenazy, Ludwig, 78
Ayala, Lourdes y Margarita Isona-Rodríguez, 78

B

Babbitt, Natalie, 17, 114
Baden, Robert, 66
Balcells, Jacqueline y Ana María Güiraldes, 42
Balzola, Sofía y Pablo Barrena, 48
Bamberger, Richard, 147
Banacloche, Julieta, 131, 132
Baquedano, Lucía, 98
Barbieri, Roberto: *véase* Dambrosio, Mónica, y Roberto Barbieri
Bardot, Daniel, 56
Barklem, Jill, 56
Barrena, Pablo: *véase* Balzola, Sofía y Pablo Barrena
Barrie, J.M. y Xavier Roca-Ferrer, 40
Barthes, Roland, 147
Bartolomé, Efraín, 89
Base, Graeme, 114
Baum, L. Frank, 78, 80
Bayard, Georges, 146
Baylord, Byrd, 78
Beautier, Francois, 141
Becklake, Sue, 136
Bell, Clarisa, 56
Belpré, Pura, 66
Bemelmans, Ludwig, 38, 48, 111
Benesová, Alena, 66
Bennett, Beatriz, 66
Benton, Michael, 114
Berman, Ruth, 114, 131
Bermejo, J.F., 19
Bertoni, Lilia Ana, y Luis Alberto Romero, 133
Bertrand, Cécile, 48, 49
Bettelheim, Bruno, 147
Beuchat, Cecilia y Mabel Condemarin, 66

Índice de autores

Bichsel, Peter, 80
Biegel, Paul, 42
Blacker, Terence, 49
Blackwell, J., 147
Blanchard, Monique y Bénédicte Laferté, 131
Blume, Judy, 98
Boase, Wendy, 111
Boixados, Roxana Edith y Miguel Angel Palermo, 126
Borges, Jorge Luis y otros, 19
Borgia, Rubí: *véase* Wilkes, Angela y Rubí Borgia
Boullosa, Carmen, 105
Brandenberg, Aliki, 66, 111
Bravo-Villasante, Carmen, 70
Briggs, Raymond, 49
Brochard, Philippe, 137
Bröger, Achim, 98
Brown, Margaret Wise, 38
Brown, Pam: *véase* Schloredt, Valerie y Pam Brown
Browne, Anthony, 16, 28, 38, 49, 76, 78
Brusca, María Cristina, 30
Buitrago, Fanny, 98
Burgess, Melvin, 19
Burgos, Estrella, 138
Burnie, David, 130, 136
Burningham, John, 38, 54, 55
Butterworth, Nick, 16, 28
Byam, Michéle, 130
Byars, Betsy, 40, 99

C

Cabal, Graciela Beatriz, 125
Cabré, Jaume, 80
Calvi, Jean, 147
Calvino, Italo, 19, 19-20
Canal Ramírez, Gonzalo, 59
Cañizo, José Antonio del, 20
Cano Andaluz, Aurora: *véase* Trejo Estrada, Evelia y Aurora Cano Andaluz
Cansino, Eliacer, 20

Capizzano, Beatriz, 147
Carazo, Jesús, 31
Cardenal, Ernesto, 88
Cardoso, Regina, 140
Carle, Eric, 49
Carney, C., 147
Carvajal, Francisco, 57
Carwardine, Mark, 141
Caselli, Giovanni, 136
Castañeda, Omar S., 57
Castelló, José Emilio, 137
Castillo, Esther: *véase* Castillo, María y Esther
Castillo, María y Esther, 143
Castrillón, Silvia, 64, 66
Cazarré, Lourenço, 20
Cela, Camilo José, 20
Cerda, Rebeca y Adriana Fonseca, 147
Cerezales, Agustín, Silvia y Manuel, 70
Cerezales, Manuel: *véase* Cerezales, Agustín, Silvia y Manuel
Cerezales, Silvia: *véase* Cerezales, Agustín, Silvia y Manuel
Cervantes Saavedra, Miguel de, 20
Cervera, Isabel, 143
Chamizo, José Antonio, 138
Charles, Donald, 49
Charpentreau, Jacques, et al., 147
Chejov, Anton, 20
Cheraqui, Yves, 146
Chiesa, Pierre, 141
Christopher, John, 80
Cisneros, Sandra, 117
Ciudad Ruiz, Andrés, 139
Clarke, Barry, 134, 139
Claverie, Jean y Michelle Nikly, 49, 97
Cleary, Beverly, 17
Clutton-Brock, Juliet, 139
Coerr, Eleanor, 104
Cohen, Barbara, 104
Cohen, Caron Lee, 64
Coiley, John, 139
Cole, Babette, 28, 49, 57, 97, 112
Cole, Brock, 49, 99

Cole, Joanna, 126
Collodi, Carlo, 57
Colmont, Marie, 38
Coluccio, Félix y Marta Isabel Coluccio, 70
Coluccio, Marta Isabel: *véase* Coluccio, Félix y Marta Isabel Coluccio
Company, Mercé, 57
Condemarin, Mabel: *véase* Beuchat, Cecilia y Mabel Condemarin
Connolly, Peter, 137
Cooney, Barbara, 57
Corbishley, Mike, 135
Córdoba, María, 143
Corona, Pascuala, 70
Corona, Sarah, 57
Cortés Salinas, José L., 143
Cosgrove, Brian, 130
Cotton, Eleanor G. and John M. Sharp, 147
Cowcher, Helen, 49
Craig, Mary, 142
Crocker, Mark, 141
Cross, Elsa, 88
Cross, Gillian, 99
Cullinan, Bernice, 148

D

Dabcovich, Lydia, 112
Da Coll, Ivar, 40, 41
Dahl, Roald, 30, 78, 79, 137
Dambrosio, Mónica y Roberto Barbieri, 133
Danziger, Paula, 98
Day, Alexandra, 49
de Beer, Hans, 28, 112, 114, 115
Defrates, Joanna, 136
Delacre, Lulu, 64
Delessert, Etienne, 16
Delgado, Josep-Francesc, 31
Delmar, Albert, 133
Del Paso, Fernando, 87, 88
Deltoro, Antonio, 89
Denou, Violeta, 49, 50, 55, 56

de Paola, Tomie, 50, 64, 124, 126
Dickens, Charles, 117
Dillner, Luisa, 126
Domínguez, Antonio José, 89
Dorros, Arthur, 66, 112
Doyle, Arthur Conan, 20, 31
Duckett, Elizabeth, 16
Dulcet, S., 142
Dupont, Philippe y Valérie Tracqui, 135
Dupré, Judith, 67
Duval, Cécile, 135

E

Eastman, P.D., 112
Echevarría, Estela, 143
Echeverría, Eugenia, 20
Eco, Umberto, 30
Egli, Werner J., 99
Elizagaray, Alga Marina, 148
Elliott, J.H., 137
Elzbieta, 50
Ende, Michael, 115
Erlbruch, Wolf, 41. *Véase también* Holzwarth, Werner y Wolf Erlbruch
Escarpit, Denise, 148
Espejel, Laura y Ruth Solís Vicarte, 140
Ets, Marie Hall, 87

F

Fahrman, Willi, 148
Farris, Katherine, 112
Faulkner, Keith and Jonathan Lambert, 38
Fernández Gutiérrez, José María, 59, 89
Fernández Paz, Agustín, 20
Ferro, Beatriz, 57
Fiances, Carlos, 20
Fiedler, Christamaria, 17
Fine, Anne, 115
Fonseca, Adriana: *véase* Cerda, Rebeca y Adriana Fonseca
Forcada, Alberto, 88
Fortún, Elena, 105
Fox, Paula, 99, 105

Fradkin, Raúl: *véase* Garavaglia, Juan Carlos y Raúl Fradkin
Fresán, Magdalena, 138, 145
Froissart, Bénédicte, 41

G
Gallardo-Cabello, Manuel, 138
Gallina, Leda: *véase* Massana, Juan y Leda Gallina
Gándara, Alejandro, 99
Gandiol-Coppin, Brigitte, 142
Gantschev, Ivan, 41
Garavaglia, Juan Carlos y Raúl Fradkin, 105
García, Horacio, 138, 145
García, Marie, 138
García Domínguez, Ramón, 99
García Giraldo, Alfredo, 70
García Lorca, Federico, 60, 89
García Márquez, Gabriel, 42, 105
García Viñó, Manuel, 89
Geisel, Theodor Seuss: *véase* Dr. Seuss
Gilmore, Rachna, 50
Gisbert, Joan Manuel, 80
Gómez Benet, Nuria, 67, 70
Gómez Cerdá, Alfredo, 30, 42
González, Cristina, 132
González, Lola, 42
González, Lucía M., 65
Goodman, Kenneth S., 148
Gourier, James, 131
Grande, María: *véase* Tabor, Nancy y María Grande
Gravett, Christopher, 140
Gray, Charlotte, 142
Grejniece, Michael, 38, 112
Grimm, Jacob y Wilhelm, 57, 67
Groening, Maggie y Matt, 50
Groening, Matt: *véase* Groening, Maggie y Matt
Grosjean, Didier: *véase* Roland, Claudine y Didier Grosjean
Guarino, Deborah, 38, 50

Güiraldes, Ana María: *véase* Balcells, Jacqueline y Ana María Güiraldes

H–I
Hagemann, Marie, 99
Hall, Nancy Abraham y Jill Syverson-Stork, 65, 112
Hamilton, Virginia, 99
Hart, George, 130
Hastings, Selina, 57
Hauff, Wilhelm, 79
Haugen, Tormod, 80
Hayes, Sarah, 16, 67, 68
Hazen, Barbara Shook, 97
Heine, Helme, 30
Held, Jacqueline, 148
Heller, Julek: *véase* Wyllie, Stephen y Julek Heller
Heller, Ruth, 124, 128
Henderson, Kathy, 50
Henkes, Kevin, 50
Henry, Marguerite, 104
Henry, O., 117
Hernúñez, Pollux, 70
Heslewood, Juliet, 137
Hill, Eric, 50
Hinton, S.E., 99
Hoban, Russell, 38, 38–39, 112
Holden, L. Dwight, 115
Holzwarth, Werner y Wolf Erlbruch, 50
Hörger, Marlies, 115
Howe, James, 39
Howker, Janni, 99
Huck, Charlotte S. y otros, 148
Hunt, Peter, 148
Husain, Shahrukh, 70
Hutchins, Pat, 39, 112
Ingoglia, Gina, 115
Isona-Rodríguez, Margarita: *véase* Ayala, Lourdes y Margarita Isona-Rodríguez

J
James, Simon, 130
Janosch, 51

Jaramillo, Nelly Palacio, 65, 87
Jean, Georges, 148
Jeffers, Susan, 58
Jennings, Paul, 41
Jiménez, Olga Lucía, 65
Johnson, Crockett, 28
Johnson, Rebecca L., 115
Johnson, Sylvia A. y Alice Aamodt, 115
Joly, Fanny, 28
Joyce, James, 79
Jusayú, Miguel Angel, 59

K
Kalan, Robert, 39
Kalman, Bobbie, 115
Kellogg, Steven, 51, 65
Kentley, Eric, 140
Kerr, Judith, 105
Kessler, Leonard, 29, 97, 112
Kingsolver, Barbara, 88
Kitzinger, Sheila, 126
Klein, Robin, 99
Knappert, Jan, 68
Kozikowski, Renate, 51
Kraatz, David, 29
Krashen, S., 148
Krauss, Ruth, 76
Kuchalla, Susan, 125

L
L' Engle, Madeleine, 80
Lacarta, Manuel, 89
Laferté, Bénédicte: *véase* Blanchard, Monique y Bénédicte Laferté
Lagos, Belén y Amalia Chaverri, 100
Lalana, Fernando, 20, 100
Lambert, Jonathan: *véase* Faulkner, Keith and Jonathan Lambert
Landa, Norbert, 16
Langley, Jonathan, 65, 68, 112
Lapesa, Rafael, 148
Larreula, Enric, 58
Le Loeuff, Jean, 141
Lenain, Thieny, 97
León-Portilla, Miguel, 139

Lesaffre, Guilhem, 135
Lester, Alison, 112
Levinson, Riki, 76, 104, 113
Libura, Krystyna: *véase* Urrutia, Maria Cristina y Krystyna Libura
Lienas, Gemma, 100
Lippert, Margaret H., 68, 116
Lluch, Víctor Angel, 31
Lobel, Arnold, 16
López Narváez, Concha, 17, 105
Loretan, Sylvia, 115
Loumaye, Jacqueline, 134
Lozoya, Xavier, 138, 146
Lucena Salmoral, Manuel, 139
Lukens, Rebecca, 148

M
MacDonald, Fiona, 145
Machado, Antonio, 89
MacKinnon, Debbie, 51
MacLachlan, Patricia, 20
Maclean, Colin y Moira, 76
Maclean, Moira: *véase* Maclean, Colin y Moira
MacQuitty, Miranda, 140
Macsolis, 65
Madrid, Juan, 20
Maestro, Betsy y Giulio, 126
Maestro, Giulio: *véase* Maestro, Betsy y Giulio
Manzi, Alberto, 31
Marcuse, Aída E., 39, 113
Mariesse, 58
Mariño, Ricardo, 42
Marshak, Samuel, 113
Martel, Hazel Mary, 136
Martí, Isabel, 58, 97
Martín, Andreu y Jaume Ribera, 42
Martín, Andreu, 21. *Véase también* Martin, Andreu y Jaume Ribera
Martin, Ann, 79
Martin, C.L.G., 58
Martín, Susana, 88, 89
Martín Rogero, Nieves y otros, 148

Índice de autores

Martínez Díaz, Nelson y Eduardo L. Moyano Bozzani, 139
Martorell, Antonio: *véase* Mohr, Nicholasa y Antonio Martorell
Maruéjol, Florence, 137
Marzollo, Jean, 104
Massana, Juan y Leda Gallina, 79
Masters, Susan Rowan, 79
Mateos, Pilar, 58
Matthews, Rupert, 140
Mauffret, Yvon, 146
Mayne, William, 17, 18
McCarthy, Colin, 130
McKee, David, 58
McPhail, David, 16
Mendo, Miguel Ángel, 42
Mesclun, Marie, 131
Mezei, K., 148
Michels, Tilde, 30
Mike, Jan M., 68, 116
Millard, Anne, 136
Milner, Angela: *véase* Norman, David y Angela Milner
Minarik, Else H., 40
Minelli, Alessandro: *véase* Pia, María y Alessandro Minelli
Mistral, Silva, 30
Mochizuki, Ken, 105
Mohr, Nicholasa y Antonio Martorell, 68
Molina, Maria Isabel, 106
Molina, Silvia, 68
Molina Llorente, Pilar, 105
Montardre, Hélène, 115
Monterroso, Augusto y otros, 21
Montes, Graciela, 97
Monteverde, Bernardo, 18, 19
Morante, Rafael, 81
Morgan, Alison, 31
Morley, Jacqueline, 145
Moscona, Myriam, 88
Mosel, Arlene, 65, 113
Moseley, Keith, 58
Moser, Erwin, 77
Mound, Laurence, 130
Moyano Bozzani, Eduardo L.: *véase* Martínez Díaz, Nelson y Eduardo L. Moyano Bozzani
Mück, Heike, 58
Mutel, Cornelia F. y Mary M. Rodgers, 116, 135

N–O

Nahum, Andrew, 130
Needle, Jan, 100
Ness, Evaline, 77, 113
Nicholson, Michael, 142
Nicolson, Iain, 141
Nikly, Michelle: *véase* Claverie, Jean y Michelle Nikly
Niño, Jairo Aníbal, 18
Nodar, Carmen Santiago, 51
Norman, David y Angela Milner, 130
Norton, Donna E., 148
Nöstlinger, Christine, 115
Numeroff, Laura Joffe, 77
O'Dell, Scott, 105
Oram, Hiawyn, 29, 51, 77
Orozco, José-Luis, 65

P–Q

Pacovská, Kveta, 113
Palacios, Argentina, 68, 116
Palermo, Miguel Angel, 126, 127. *Véase también* Boixados, Roxana Edith
Pardo Bazán, Emilia, 21
Parker, Steve, 130, 131, 136, 137
Parra, Nicanor, 88
Parsons, Alexandra, 134
Pascual, S., 143
Pastoriza de Etchebarne, Dora, 148
Paterson, Katherine, 98, 100
Paulsen, Gary, 113
Paz, Octavio, 89
Pearson, Anne, 136, 140
Pellerin, Ana, 148
Peña Gutiérrez, Joaquín, 81
Penny, R., 149
Perera, Hilda, 18

Pérez Campa, Mario A. y Ruth Solís Vicarte, 140
Peters, Sharon, 125
Peyronnet, Caroline de, 142
Pfister, Marcus, 17, 29, 51, 113
Pia, María, y Alessandro Minelli, 127
Pierre, Michel, 134, 142
Pinguilly, Yves, 134
Pitre, Félix, 65
Platt, Richard, 126
Ponthus, René, 142
Pouts-Lajus, Serge, 141
Pratchett, Terry, 81
Preussler, Otfried, 58, 79
Price, Mathew, 51, 52
Propp, Vladimir, 149
Pullman, Philip, 58
Putnam, James, 140
Quigg, Claudia, 149

R

Rachlin, Ann, 135
Rambeck, Richard, 126
Ramírez, Arnulfo G. y otros, 69
Ramon, Elisa, 39
Rauprich, Nina, 106
Reid, Margarette S., 77, 113
Reviejo, Carlos, 58
Ribera, Jaume: *véase* Martín, Andreu y Jaume Ribera
Rice, James, 39, 52, 113
Riddell, Edwina, 52
Rivero Oramas, Rafael, 69
Roca-Ferrer, Xavier: *véase* Barrie, J.M. y Xavier Roca-Ferrer
Rodari, Giani, 41
Roddie, Shen, 52
Rodgers, Frank, 79
Rodgers, Mary M.: *véase* Mutel, Cornelia F. y Mary M. Rodgers; y Wincker, Suzanne y Mary M. Rodgers
Rojas, José Antonio, 138
Rojo, Ariel, 138
Roland, Claudine y Didier Grosjean, 146

Roldán, Laura, 69
Romero, Luis Alberto: *véase* Bertoni, Lilia Ana, y Luis Alberto Romero
Rose, Susanna van, 140
Rosen, Michael, 29
Ross, Tony, 18
Rowland-Warne, L., 140
Ruiz, Ernesto, 69
Ruiz de Larramendi, Alberto, 143, 144
Ruiz Lombardo, Andrés y Ruth Solís Vicarte, 140
Ryan, Elizabeth A., 137

S

Sabines, Jaime, 89
Samton, Sheila White, 52
San Souci, Robert, 126
Sangberg, Monica, 77
Santiago, David, 88
Santiago, Esmeralda, 137
Santis, Pablo de, 21
Santos, Teresa de, 90
Sarto, Montserrat, 149
Sauquet, Michel, 146
Savater, Fernando, 149
Schaefer, Jackie Jasina, 39, 113
Schloredt, Valerie y Pam Brown, 142
Schon, Isabel, 65, 87
Schreiber-Wicke, Edith, 58
Schubert, Dieter: *véase* Schubert, Ingrid y Dieter
Schubert, Ingrid y Dieter, 59
Schujer, Silvia, 98, 100
Schussheim, Victoria, 146
Schvartzman, Julio, 69
Selsam, Millicent E., 124
Sempere, Vicky, 39
Sendak, Maurice, 52, 77
Serra Naranjo, Rafael, 144
Serrano, Francisco, 90
Seuss, Dr., 52, 59
Sharp, John M.: *véase* Cotton, Eleanor G. and John M. Sharp
Shulevitz, Uri, 52

Índice de autores

Sierra i Fabra, Jordi, 19, 21, 100
Silva, María Luisa, 88
Silveyra, Carlos, 69
Singer, Isaac Bashevis, 30, 42, 52
Singer, Marilyn, 79
Slobodkina, Esphyr, 39, 113
Smania, Estela, 98
Smith, Trevor, 135
Smucker, Barbara, 106
Snyder, Carol, 29
Solé Vendrell, Carme, 59
Solís, Valerie (Silka), 59
Solís Vicarte, Ruth: *véase* Espejel, Laura y Ruth Solís Vicarte; y Pérez Campa, Mario A. y Ruth Solís Vicarte; y Ruiz Lombardo, Andrés y Ruth Solís Vicarte
Solotareff, Nadia y Grégoire, 52
Solotareff, Grégoire: *véase* Solotareff, Nadia y Grégoire
Sotillos, E., 143
Soto, Gary, 41
Southall, Ivan, 31
Sproule, Anna, 142
Stanislawski, Estanislao C. y Silvia M. Stanislawski, 138
Stanislawski, Silvia M.: *véase* Stanislawski, Estanislao C. y Silvia M. Stanislawski
Steig, William, 30, 41, 53, 59, 79, 116
Stevens, Jan Romero, 29
Stevenson, Robert Louis, 21
Stone, Bernard, 77
Stuart, Dee, 116, 131
Suárez, Maribel, 59
Sutherland, Zena y May Hill Arbuthnot, 149
Sutton, Richard, 131
Swaan, Bram de, 138, 146
Symes, R.F., 131
Syverson-Stork, Jill: *véase* Hall, Nancy Abraham y Jill Syverson-Stork

T–U

Tabor, Nancy y María Grande, 39
Tagore, Abranindranath, 116
Talkington, Bruce, 114
Taylor, Paul D., 131
Teixidor, Emili, 31
Tejima, Keizaburo, 53
Terzi, Marinella, 144
Thomas, Valerie, 59
Todorov, Tzvetan, 149
Torres, Leyla, 29, 53, 114
Tracqui, Valérie: *véase* Dupont, Philippe y Valérie Tracqui
Traven, B., 31
Trejo Estrada, Evelia y Aurora Cano Andaluz, 141
Treviño, Elizabeth Borton de, 21
Trimback, Eliz, 137
Trivizas, Eugene, 77
Tubb, Jonathan N., 140
Tutor, Pilar, 132, 144
Udry, Janice May, 29
Urrutia, Maria Cristina y Krystyna Libura, 106
Urteaga, Luis, 69

V

Valeri, M. Eulália, 69
Van Allsburg, Chris, 53, 78
Vázquez, Germán, 132
Vázquez Chamorro, Germán, 139
Vázquez Montalbán, Manuel y otros, 42
Vásquez-Vigo, Carmen, 79
Vega, Josefa: *véase* Vines Azancot, Pedro A. y Josefa Vega
Vega Domínguez, Teodoro de, 60
Velthuijs, Max, 29, 53, 78
Ventura, Leonor, 144, 145
Ventura, Piero, 126
Veray, Amaury, 65
Vial, Mauricette, 131
Vines Azancot, Pedro A. y Josefa Vega, 139
Viorst, Judith, 97

W

Waber, Bernard, 41
Waddell, Martin, 29, 114
Wagener, Gerda, 53
Walsh, Ellen Stoll, 53
Walsh, María Elena, 41, 69, 81, 88
Wandelmaier, Roy, 125
Wardle, Terry, 18
West, Colin, 17
Whalley, Paul, 131
White, E.B., 18
White, Michael, 142
Wilde, Oscar, 21
Wilder, Laura Ingalls, 106
Wilhelm, Hans, 17, 53
Wilkes, Angela y Rubí Borgia, 53, 114
Wilkinson, Philip, 70
Williams, Barbara, 98
Williams, Jeff, 18
Williams, Margery, 18
Williams, Sue, 29
Williams, Vera B., 17, 39
Willis, Val, 29
Wincker, Suzanne y Mary M. Rodgers, 117, 135
Winner, David, 142
Wood, Robert Muir, 141
Wyllie, Stephen y Julek Heller, 79

Y–Z

Yourcenar, Marguerite, 21
Zelinsky, Paul O., 53
Zemach, Margot, 53, 54
Ziegler, Reinhold, 100
Zolotow, Charlotte, 39

Índice de obras

A

1,2,3, 55
¡A bailar!, 66
¿A dónde vas, osito polar?, 114
¿A dónde volamos hoy?, 55
¡A jugar!, 54, 111
A la cama, 51
A la sombra del cóndor, 138
A orillas del Río Plum, 106
A ver, a ver, ¿vamos a leer?, 66
ABC, 39
Abecedario de los animales, 87
Abraham Lincoln, 143
¡Ábrete, huevo, ábrete!, 52
¡Adiós! ¡Hola!, 97
Adivinanzas Nahuas de ayer y hoy, 69
Adivinanzas para mirar en el espejo, 69
Al final de la cometa, 115
Al mar, al mar, osito polar, 28
Aladdin y la lámpara maravillosa, 58
¡La alegría de leer!, 149
Alejandro Magno, 143
Alex quiere un dinosaurio, 51, 77
Alex y el amigo perdido, 16
Alexander, que de ninguna manera–¿le oyen?–¡lo dice en serio!–se va a mudar, 97
Alfa y el bebé sucio, 49
Algo especial para mí, 17
Alma de blues, 100
El alquimista errante: Paracelso, 138
Altas colinas, 56
La amazona de los bosques, 18
América hoy, 139

América inglesa y francesa, 139
Amigo de palo, 17
Amigos, 51
Los amigos de Osito, 40
Amor más acá de las estrellas, 81
Ana, Soror…, 21
Anfibios, 139
El anillo de Simplicio, 18
Animación a la lectura, 148, 149
Animales, 54
Animales de granja, 125
Animales del zoo, 125
Animales domésticos, 125
Los animales nocturnos, 125
Animales que nacen vivos y sanos, 128
Another America/Otra América, 88
La Antártida, 117, 135
El antiguo Egipto, 130
La antigua Grecia, 140, 144
La antigua Roma, 130
Apalka, 88
Apoteosis del gótico europeo, 144
¿A quién llamo?, 55
¡Aquí viene el que se poncha!, 97, 112
El árbol, 130
Un árbol es hermoso, 29
El arco iris en mi bolsillo, 79
Armas y armaduras, 130
La arquitectura colonial española, 144
Arrecifes de coral, 143
¡Arriba! ¡Arriba!, 76
Arroz con Leche: Popular Songs and Rhymes from Latin America, 64
Una arruga en el tiempo, 80
El arte bizantino, 143

El arte de la baci, 97
El arte de la bici, 49
El arte rupestre prehistórico, 144
Así es la vida, Carlota, 100
Así nació América, 139
Así o asá: jugando al escondite, 48
Asombrosas arañas, 134
Asombrosas aves, 134
Asombrosas serpientes, 134
El asombroso armadillo, 116, 131
El asombroso libro del interior de: Un barco de guerra del siglo XVIII, 126
Asombrosos animales venenosos, 134
Asombrosos felinos, 134
Asombrosos lagartos, 135
Asombrosos mamíferos, 134
Asombrosos sapos y ranas, 134
Los asteroides, 128
Atlas de la prehistoria, 141
Atlas de los animales, 141
Atlas del cuerpo humano, 141
Atlas del espacio, 141
La atmósfera y el tiempo, 130
Atrapados en la doble hélice: Watson y Crick, 138
El aullido del lobo, 19
El auténtico ladrón, 41
El autobús mágico en el interior de la tierra, 126
Automóviles, 131
La aventura de la vida, 141
La aventura de oír: cuentos y memorias de la tradición oral, 148
Las aventuras de Pinocho, 57
La aviación a través de los tiempos, 136
Los aztecas, 126

B
Baile de luna, 65
La ballena y los animales del mar, 127
El Banco del Libro de Venezuela y la promoción de la lectura, 147
Banda sonora, 100

Barcos, 140
Barnaby y los fantasmas, 59
Los batautos, 40
Bebé conejito, 52
Bebé elefantito, 52
Bebé ratoncito, 53
Bebés, 51
Beisbol en abril y otras historias, 41
El béisbol nos salvó, 105
La bella durmiente y otros cuentos, 67
La bella y la bestia y otros cuentos, 67
Benito Juárez, 140
Un beso para Osito, 40
Billy y Tigre, 53
Bingo Brown y el lenguaje de amor, 99
Bingo Brown, amante gitano, 99
El bisonte americano, 114, 131
El bisonte y los animales de América del norte, 127
Blancanieves y los siete enanitos y otros cuentos, 67
Bob Geldof, 142
Una boda desmadrada, 19
La boda de la ratoncita: Una leyenda maya, 67
La bola de fuego, 80
El bosque tropical, 49
Bosques tropicales de América Central, 143
Los bosques, 131
Bossy Gallito/El gallo de bodas: A Traditional Cuban Folktale, The, 65
La bota de Lalo, 48
Breve antología de cuentos, 80
Breve antología de cuentos 3, Latinoamérica y España, 21
Breve antología de cuentos 4: Latinoamérica y España, 42
La bruja Gertrudis, 59
La bruja vestida de rosa, 30
Brumas de octubre, 42
Buenas noches luna, 38
Buenas noches, Lalo, 48
La búsqueda de Park, 100

Índice de obras

C

Caballeros, 140
Caballos, 139
La cacería de lo inestable: Marie Curie, 138
La caída del águila: Cortes y la conquista del imperio azteca, 132
La caja de los botones, 77, 113
La calabaza de la suerte, 18
El caldero mágico, 57
La calle de las delicias, 51
La cama de Horacio, 16, 111
La cama de Isabella, 112
Cambios, 16, 76
Camiones, 125
El camino de Amelia, 56
La canción del coquí y otros cuentos de Puerto Rico, 68
La canción del geco, 29
Canciones y poemas para niños, 60, 89
El canguro y los animales de Australia, 127
Caperucita Roja, 111
Caperucita Roja y la luna de papel, 39, 113
Caperucita roja y otros cuentos, 67
Carlito en el parque una tarde 49
Carlitos Gardel, 125
Carlos and the Cornfield/Carlos y la milpa de maíz, 29
La casa de las alas, 40
La casa de los diablos, 98
Una casa en la ciudad, 17
La casa en Mango Street, 117
Las casas: Modos formas y usos de la vivienda en el tiempo, 126
La casita de turrón y otros cuentos, 67
Los cazadores de miel: un cuento tradicional de Africa, 64
Celia en la revolución, 105
Celine, 99
La cena con el Tío Enrique, 41
Cenicienta y otros cuentos, 67
Cervantes, 143
Charles Darwin, 142
Charlie y la fábrica de chocolate, 78
Chichén Itzá, la ciudad sagrada: los mayas, 132
Un chico valiente como yo, 53
Children and Books, 149
Children's Literature in the Elementary School, 148
Chopin, 135
Cien cuentos populares españoles, 69
100 primeras palabras, 52
¿Ciencia o ciencia-ficción?, 128
El ciervo y los animales de Europa, 127
El ciervo: señor del bosque, 135
La cigarra violinista y el topo, 51
El circo, 56
El circo de Paco, 57
La ciudad de oro y de plomo, 80
Ciudades de hormigas, 112
La clase de dibujo, 30
Coches, 125
La cocina de noche, 52
Cohetes, sondas y satélites, 128
Coleadas, 87
La cólera de Aquiles, 70
Colores, 54, 55
Colosos de la naturaleza, 144
Comienza la aventura, 57
Cómo crecen los gatitos, 124
Cómo cuidar a tu primer monstruo, 79
Cómo es la tierra, 136
Cómo funcionan las máquinas, 136
Cómo ha vivido la humanidad, 136
¿Cómo nacen y mueren las estrellas?, 128
¿Cómo nació el universo?, 128
El conejo de terciopelo, 18
¿Contaminamos también el espacio?, 128
Contando, 55
Contrarios, 55
Corbie, 17
¡Corre, perro, corre!, 112
Cosas que me gustan, 76

El crimen de Lord Arthur Savile y otros relatos, 21
Crisantemo, 30, 50
Cristóbal Colon, 143
"Los criterios generales de Banco del Libro en la selección de libros para niños y jóvenes", 148
Criterios y procedimientos de selección de libros para bibliotecas escolares, 147
Critical Handbook of Children's Literature, A, 148
Criticism, Theory and Children's Literature, 148
Cronología (1418-1983) Argentina y el mundo, 133
Cuando era puertorriqueña, 137
Cuando Hitler robó el conejo rosa, 105
Cuando Shlemel fue a Varsovia y otros cuentos, 42
¿Cuántos cuentos cuentas tú?
¿Cuántos hay?, 51
Cuartos oscuros, 20
Cuauhtémoc, 140
Cúcuru mácara: tradición oral, 64, 66
Cuenta ratones, 53
Un cuento de hadas, 18
El cuento de los tres deseos, 30
Cuento de navidad, 117
El cuento del unicornio, 58, 79
El cuento en la literatura infantil, 148
Cuentos completos, 79
Cuentos de la Mujer Araña: Leyendas de los indios hopis, 70
Cuentos de los hermanos Grimm, 57
Cuentos de noroeste, 69
Cuentos de Pedro Urdemales, 70
Cuentos de piratas, corsarios y bandidos, 17
Cuentos del pobre diablo, 17, 114
Cuentos del Quirpuincho, 69
Cuentos espantosos, 42
Cuentos fantásticos, 81
Cuentos latinoamericanos: Antología, 19

Los cuentos más bonitos, 56
Cuentos para gente joven, 100
Cuentos picarescos, 81
Cuentos por palabras, 20
Cuentos por teléfono, 41
El cuerpo humano, 126
El cuerpo y la vida, 131
El cumpleaños del Señor Pulpo y otros cuentiversos, 88
Cuervos: unas viejas rimas, 114
Cuidades árabes del Magreb, 143

D
Dalia y Zazir, 18
La dama del perrito y otros relatos, 20
De aventurero a almirante Cristóbal Colón, 131
De Colores and Other Latin-American Folk Songs, 65
De la A a la Z por un poeta, 87
De la oruga a la mariposa, 131
¿De qué color?, 51
De Victor para Alejandro, 106
El delfín de oro, 18
Demonios, dioses y santones de los mitos y leyendas de la India, 70
Los desiertos, 131
El descubridor del oro de Troya: Heinrich Schliemann, 138
El descubrimiento de las Américas, 126
Descubrir la tierra, 141
Desde el ojo del pez, 21
Desmond Tutu, 142
Despertar, 88
Destello el dinosaurio, 17, 113
Un destripador de antaño y otros relatos, 21
Los Diaguitas, 126
El día de miranda para bailar, 39, 113
Un día feliz, 76
Un día libre ajetreado, 16
El diablo inglés y otros cuentos, 41
Dime cómo funciona, 137
Dinosaurios, 114, 125

Índice de obras

Los dinosaurios, 130
Dinosaurios y otros animales prehistóricos de la A a la Z, 114
Disney el rey León, 115
Disney la navidad de Winnie Puh, 114
Los doce bandoleros, 42
Doce cuentos peregrinos, 42
Doctor de Soto, 116
Dominico, 79, 116
Doña Blanca, 65
Donde viven los monstruos, 52, 77
El dorado: exploración de América ecuatorial, 132
Dos renacuajos, 18
Dragonalia, 58

E

Ecos de la conquista, 106
La edad industrial, 142
Elmer, 58
El embuste de las coles, 41
Emiliano Zapata, 140
En Babilonia con Hammurabi, 145
En busca de Jim Morrison, 100
En el desván, 51
En el palacio del Rey Océano, 79
En el Egipto de Ramsés II, 145
En Francia con Carlomagno, 145
En la China de Ch'In Shi Huang, 145
En la Grecia de Pericles, 145
En la pampa, 30
En la Roma de Augusto, 145
En la Roma de los papas, 145
En las olimpíadas, 56
El enano saltarín, cuento de los Hermanos Grimm, 53
En París con el Rey Sol, 145
En vísperas del gran encuentro: precedentes del viaje, 132
Enciclopedia de lugares misteriosos: Costumbres y leyendas de antiguos emplazamientos del mundo entero, 70
Encuéntrame: Fiestas populares venezolanas, 69
Encuentro de dos mundos, 139
Ensalada de animales, 66
Entre dictaduras y democracias, 133
La era de las revoluciones, 142
Érase una vez entre los Chibchas, 70
Eres único. 78
La escalera secreta, 56
Escenarios fantásticos, 80
La escoba de la bruja, 57
La escoba de la viuda, 53, 78
La espada del general, 20
La espada rota, 80
El espacio: estrellas, planetas y naves espaciales, 136
Esperando a Quetzalcóatl: los Aztecas, 132
Esqueletos, 130
Estaba el señor don Gato, 64
El estanque de fuego, 80
Esto ya es otra historia, 99
El expreso polar, 53, 78
Una extraña travesía, 106
El extraño viaje que nadie se creyó (La historia que Roc Pons no conocía), 80
El extraordinario caso del doctor Jekyll y Mr. Hyde, 21
Excavadores y volquetes, 125
Exploradores, 140

F

Fábulas del otorongo, el oso hormiguero y otros animales de la Amazonía, 69
Fábulas y cuentos de animales, 66
Falso movimiento, 99
La familia de Teo, 49
Federico y el mar, 97
Félix Rodríguez de la Fuente: El amigo de los animales que nos mostró los secretos de la naturaleza, 141

Feliz cumpleaños, Martin Luther King, 104
Fernando furioso, 29
El fin de los hijos del Sol: Pizarro y la conquista del imperio inca, 132
Formas, 54, 55
Los fósiles, 131
Francisco de Quevedo para niños, 89
From the Editor's Desk, 147
El fuego, ¿amigo o enemigo?, 128

G
Las gallinas no son las únicas, 124, 128
La gallinita roja: Un viejo cuento, 53
El gallo de bodas, 65
El gato con botas y otros cuentos, 67
Gato Galano observa los colores, 49
El gato y el diablo, 79
Gatos, 139
Gauguin: El descubrimiento de un pintor, 134
El general en su laberinto, 105
Gerardo Diego y los niños, 60
Gilberto y el viento, 87
El gigante de la selva, 19
Los gnomos de Gnu, 30
Gorila, 78
Gorrión del metro, 53, 114
Goya: Aún aprendo, 133
La Gran Barrera de Arrecifes: Un laboratorio viviente, 115
El gran comercio de la Europa medieval, 144
El gran festival de rock, 100
La gran Gilly Hopkins, 98
Grandes biografías, 137
Los grandes descubrimientos, 142
Los grandes refugios de fauna, 144
Grandmother's Nursery Rhymes: Lullabies, Tongue Twisters, and Riddles from South America/ Las nanas de abuelita: Canciones de cuna trabalenguas y adivinanzas de Suramérica, 65, 87

Guadalupe Victoria, 141
La guarida del zorro, 31
El guepardo: rápido como el relámpago, 135
Guía del joven astrónomo, 129
Guille está enfermo, 58, 97
La guitarra de John Lennon, 100
Gustavo Adolfo Bécquer y los niños, 59, 89

H
Hablemos francamente de las drogas y el alcohol, 137
Halcón, soy tu hermano, 78
Hansel y Gretel, 67
Harold y el lápiz color morado, 28
Hay un dragón en mi bolsa de dormir, 39
¿Hay vida en otros planetas?, 129
Hermano cielo, hermana águila, 58
Los hermanos Wright, 142
Hernán Cortés, 143
La hija de la serpiente: Leyenda brasileña, 68, 116
La hija del lobo, 99
La hija del minero, 19
El himno de las ranas, 88
Historia de un primer fin de semana, 98
La historia de Johnny Appleseed, 66
La historia de la Creación, 48
History of the Spanish Language, A, 149
El hombre que ya no tenía nada que hacer, 80
Hombres primitivos, 130
Hombres y mujeres de la colonia, 105
La hora de la comida, 54, 111
La hora del baño, 54, 111
La huella árabe en España, 144
El hueso prodigioso, 53
Huevos verdes con jamón, 52

I
El ídolo de Aruba, 19
Ilustración, diagramación y producción de libros para niños, 147

Índice de obras

La ilustre fergona y otros cuentos clásicos, 58
Imaginario: Diccionario en imágenes para niños, 56
El imperio Chino, 144
El imperio de los faraones, 144
El imperio del sol: los incas, 132
El imperio mogol, 143
El imperio romano, 143
El impostor, 19
La independencia americana, 139
La infancia recuperada, 149
El ingenioso caballero Don Quijote de la Mancha, 20
El ingenioso hidalgo Don Quijote de la Mancha, 20
El inglés de la manzana: Isaac Newton, 146
"Input hypothesis, The: An update", 148
Los insectos, 130
Introducción a la literatura fantástica, 149
Introducción a los estudios literarios, 148
Introducción a Picasso, 137
La invención de la pintura, 128
El inventor del porvenir: James Clerk Maxwell, 146
Invitation to Read: More Children's Literature in the Reading Program, 148
Isaac Campion, 99
Isaac Newton, 142
La isla de Abel, 30, 59

J
Jamalají–jamalajá, 21
James y el melocotón gigante, 78
Jaque a la deuda, 20
Los jíbaros, 20
Los jinetes del Chaco, 126
Josefina y la colcha de retazos, 104
Julius, el rey de la casa, 30, 50

Júpiter, el gigante entre los gigantes, 129

K
Keys to My Kingdom, The: A Poem in Three Languages, 112
Koko y el pájaro blanco, 77
Koko y el paraguas mágico, 77
Koko y Kiri, 77
Kristi Yamaguchi, 126

L
El ladrón, 100
Una larga canción, 16
Le pouvoir des contes, 148
Lech Walesa, 142
Las lechucitas, 29, 114
Las lechuzas: amigas de la noche, 135
Leer de la mano: Cómo y qué leerles a los más pequeños, 147
Las legiones romanas, 137
Leo, el muñeco de nieve, 49
El león y los animales de Africa, 127
Leonardo, 41
Leonardo da Vinci, 143
Leonardo de Vinci: El pintor que hablaba con los pájaros, 134
Leonardo: Pintor, inventor y sabio, 133
Les livres pour les enfants, 147
Let's Speak Spanish! A First Book of Words, 112
La ley de la calle, 99
La leyenda de la flor "El Conejo", 64
La leyenda de la flor de Nochebuena, 64
La leyenda del pincel indio, 64
¡Líbranos de todo mal!, 98
El libro de las arenas movedizas, 30, 124
El libro de las brujas, 67
El libro de las formas y los colores, 30, 50
El libro de las nubes, 126
El libro de las palomitas de maíz, 30, 124
El libro de los animales fabulosos, 68
El libro de los bebés, 30, 50
El libro de los cerdos, 79

El libro de los gigantes, 68
El libro de los números, 30, 50
El libro de los trabalenguas, 70
Un libro ilustrado sobre Abraham Lincoln, 124
Un libro ilustrado sobre Cristóbal Colón, 124
Un libro ilustrado sobre Martin Luther King, 124
El libro tonto, 57
La literatura infantil, 147
La literatura infantil y juvenil en Europa, 148
Llama a la puerta, 39, 112
La llama y los animales de América del Sur, 127
Llaman a la puerta, 39
Llámame simplemente Súper, 100
¡Llegan los bomberos!, 55
Lo fantástico en la literatura infantil, 148
Lobo Negro, un skin, 99
Lola y Lalo, 48
La loquita frente al mar, 90
El Lórax, 59
Luis Cernuda para niños, 89
Luis de Góngora para niños, 90
La luna, 89
La luna en las barracas, 31

M

Ma y pa Drácula, 79
Madame Doubtfire, 115
Madeline, 38, 48, 111
La Madre Teresa de Calcuta, 142
El maestro de lo infinitamente pequeño: John Dalton, 138
El Mago de Oz, 78, 80
Los magos: Un mágico libro de hologramas, 79
Mahatma Gandhi: El hombre que, mediante la no violencia, liberó a la India del dominio colonial, 142
El malabarista de los números: Blaise Pascal, 138

Malas tierras, 100
¡Mamá puso un huevo! o cómo se hacen los niños, 49, 97
Los mamíferos, 130
La manada de lobos: Siguiendo las huellas de los lobos en su entorno natural, 115
La mano parda y otros cuentos, 31
Manuel Machado para niños, 89
Máquinas voladoras, 130
Maravillas del mundo, 136
El maravilloso viaje a través de la noche, 30
Marco Polo, 142
La mariquita el terror de los pulgones, 135
Marte, nuestro misterioso vecino, 129
Martin Luther King, 142
¿Mataron los cometas a los dinosaurios?, 129
Los mayas, 126
Mayas, aztecas, incas, 139
Los mayores están locos, locos, locos, 19
Me gustan los libros, 76
El médico de los piratas, 105
El mejor truco del abuelo, 115
Mercurio, el planeta veloz, 129
México: Su cultura, 115
México: Su gente, 115
México: Su tierra, 115
Mi abuela y yo, 98
Mi año, 137
Mi cuarto, 54
Mi hermanita es un monstruo, 97
Mi madre es rara, 30, 50
Mi primer libro de palabras en español, 53, 114
Mi primer vuelo, 16
Mi primera casa, 52
Mi primera guardería, 52
Michi y el terrible tiranosaurio Rex, 98
Michka, 38
Las migraciones de las aves, 144
Miguel Vicente, pata caliente, 40

Índice de obras

Miguel y el pastel, 59
Mimí y la bruja, 30, 50
Los Mimpins, 30
Mínima animalia, 89
¡Mío!, 51
Mira cómo salen las estrellas, 76, 104, 113
¡Mírame!, 54, 111
Miró: La hormiga y las estrellas, 133
Mis cinco sentidos, 111
Mis primeros versos de amor, 88, 89
El misterio de la mujer autómata, 80
El misterio del tiempo robado, 57
Misty de Chincoteague, 104
Mitos, héroes y monstruos de la España antigua, 70
Molly y los Peregrinos, 104
Moluscos, crustáceos y otros animales acorazados, 130
Momias, 140
El monstruo de las fresas, 59
Las montañas blancas, 80
La morfología del cuento, 149
Morirás en Chafarinas, 20
El motivo de una flor, 128
El mundo de hoy, 142
El mundo de tío conejo, 69
El mundo hispánico: civilización e imperio, Europa y América, pasado y presente, 137
El muñeco de nieve, 115
El muñeco de queso, 116
Un museo siniestro, 42
La música, 129
La música y los instrumentos, 128

N

Nacer, 126
Napoleón, 143
El naturalista de los cielos: William Herschel, 138
La navidad de la bruja aburrida, 58
Ni era vaca ni era caballo, 59
Los niños alfabéticos, 78
Los niños y los libros: cómo descubrir una afición, 148
No me llamo Angélica, 105
No os lo podéis imaginar, 16
No pidas sardina fuera de temporada, 21
¿No será puro cuento...?, 66
Una noche de nieve, 28
Noche de viernes, 100
La noche que Chillanene salió a vender su alma, 20
La Nochebuena South of the Border, 39, 52, 113
Noticias frescas, 19
La nube traicionera, 81
Nubes negras, 106
Las nubes, 125
Nuestra luna, 129
Nuestra Vía Láctea y otras galaxias, 129
Nuestro sistema solar, 129
El nuevo mundo: desde el descubrimiento hasta la independencia, 133
El nuevo Pinocho, 115
Números, 54

O

Objetos voladores no identificados, 129
¡Oh, cuán lejos llegarás!, 52
Los ojos del ciego, 31
Once cuentos maravillosos, 66
Operación ratón, 77
Opuestos, 55
La orilla del mar, 130
La oruga muy hambrienta, 49
Osito, 40
El osito polar, 28, 112
Osito polar, ¡vuelve pronto!, 115
El oso Ota, 41
El oso valiente y el conejo miedoso, 28
Osos y ratones, 77
El otoño del oso, 53

P

Paco y la bruja: Cuento popular puertorriqueño, 65

El pájaro y su nido, 130
Palacios europeos, 143
Paleta de diez colores, 88
Pan y mermelada para Francisca, 38, 112
Papa Oso vuelve a casa, 40
Papá ya no vive con nosotros, 98
El paraíso de abuelita, 51
El parque de atracciones, 48
El paso al mundo moderno, 133
Paul Bunyan: Un cuento fantástico, 65
Los peces, 130
Pepenar palabras: Nahuatlismos, 67, 70
El pequeño rey de las flores, 113
El perdedor iluminado: Ignaz Philipp Semmelweis, 138
Los peregrinos de N.C. Wyeth, 126
Pérez y Martina: un cuento folklórico puertorriqueño, 66
¡El perrito creció!, 113
El perro y los animales domésticos, 127
Perros, 139
Peter Pan y Wendy, 40
El pez arco iris, 29, 51, 113
El pez de oro, 69
La picaresca española, 19
Picasso: Un día en su estudio, 134
Picasso: Yo no busco, encuentro, 133
Pido gancho, 98
Piedrito, 58
El pingüino, el oso blanco, y los animales de los polos, 127
Las pinturas de arena, 31
El piojo y la pulga se quieren casar, 66
Plantas que nunca florecen, 128
La plaza, 89
El poblamiento de América: primeras culturas, 132
Poemas, 60, 89
Pollita pequeñita, 51
Los pollitos dicen: Juegos, rimas y canciones infantiles de países de habla hispana, 65, 112
Los polos, 131

El poni de barro: un cuento tradicional Skidi Pawnee, 64
Por el camino de la fantasía, 148
Por fin es carnaval, 66
Por qué Noé eligió la paloma, 52
Le pouvoir des contes, 148
El pozo de los ratones y otros cuentos al calor del fogón, 70
El preguntador del rey: Francisco Hernández, 138
Las preguntas de Natalia, 88
La primera guerra mundial, 137
Primos, 99
La princesa que no sabía reír, 115
La princesa y el pirata, 30
El príncipe cangrejo, 19
El príncipe del conocimiento: Georges Louis de Buffon, 138
Los problemas con mi tío, 57
La promoción de la lectura, 147
Psicoanálisis de los cuentos de hadas, 147
El pueblo maya, 144
Los pueblos de la Biblia, 140
Los pueblos del maíz, 139
Puente en la selva, 31
La puerta oculta, 58
Pupila de águila, 42

Q

Quásares, púlsares y agujeros negros, 129
¡Que bailen los esclavos!, 99, 105
¡Que viene el coco!, 57
¿Qué animal es?, 48
¡Qué bonito es Panamá!, 51
¿Qué forma tiene?, 51
¿Qué prefieres…38
¿Qué sabemos sobre los aztecas?, 136
¿Qué sabemos sobre los griegos?, 136
¿Qué sabemos sobre los romanos?, 135
¿Qué sabemos sobre los vikingos?, 136
¿Qué sabían los antiguos sobre los astros?, 129

Índice de obras

¿Qué te gusta?, 38, 112
¿Quién llama en la noche a la puerta de Iván?, 30
¿Quién se ha perdido?, 76
¿Quién tiene miedo a la tormenta?, 28
Quique duerme fuera de casa, 41
El químico de las profecías: Dimitri I. Mendeléiev, 145
Quiquiriquí, cocorocó, 88
Quizá no lo haga, 98

R
La rama, 89
Ramiro, 57
Ramona empieza el curso, 17
Rana, ranita, 18
Rebeldes, 99
Regalé a mi amado un gato atigrado, 17
El regalo de los reyes magos, 117
El regreso de Ulises, 70
La reina Batata, 88
El reino del revés, 41
"Translation: The Relation Between Writer and Translator", 148
Rembrandt: Comerciante de Amsterdam, 133
Renata toca el piano, estudia inglés y etcétera, etcétera, etcétera, 99
Reptiles, 130
Los reptiles, 125
El rey colibrí: Leyenda Guatemalteca, 68, 116
El rey que voló, 79
Reyes, dioses y espíritus de la mitología africana, 68
Ricitos de oro y los tres osos, 68
El río y la laguna, 131
El robo de las aes, 59
Robots y ordenadores, 141
La roca, 59
Rocas y minerales, 131
El rockero, 19
Ronda que ronda la ronda: juegos y cantos infantiles de Colombia, 65
La ropa, 52
Rosaura en bicicleta, 56
El rubí del Ganges, 105
Rumbo al misterioso norte: de California a Alaska, 132
Rumplestiltskin, el enano saltarín, 53, 68
El ruso de los perros: Iván P. Pavlov, 146
La ruta del nuevo mundo, 145

S
El sabio apasionado: Robert Koch, 138
Salí de paseo, 29
¡Salta, ranita, salta!, 39
Sam, Bangs y hechizo de luna, 77, 113
El sancocho del sábado, 29, 114
Santa Balbina, 37, gas en cada piso, 20
Sapo en invierno, 29
Sapo enamorado, 53
Sapo y el forastero, 78
Sapo y la canción del mirlo, 53
Sarah, sencilla y alta, 20
Saturno, el planeta de los anillos, 129
Scratch, 100
Se venden gorras, 39, 113
El secreto de la llama: Leyenda peruana, 68, 116
El secreto de Lena, 115
El secreto en la caja de fósforos, 29
Los secretos de las plantas, 130
¿Seguiremos siendo amigos?, 98
Las selvas tropicales, 116, 135
Las semillas, 125
El señor conejo y el hermoso regalo, 39
La señorita Emilia, 57
Seré pintor, 54
Si le das una galletita a un ratón, 77
Las siete ciudades de Cíbola: los españoles en el sur de los Estados Unidos, 132
Los siglos coloniales, 139
El signo del Caballito de Mar: Un intenso episodio en dos actos, de codicia y aventuras, 114
Un sillón para mi mamá, 39

Silvestre y la piedrecita mágica, 116
Simbad el marino, 19
Sin billete de vuelta, 42
Sinfonía de Cuna, 88
Sir Gawain y la abominable dama, 57
El sol, 129
El soldado de hielo, 31
Sólo tú puedes salvar a la Humanidad, 81
La sombra de la daga, 105
Somos un arco iris/We Are a Rainbow, 39
El soñador furtivo, 31
Sor Juana Inés de la Cruz, 140
¡Sorpresa! ¡Sorpresa!, 76
Soy pequeño y grande, 54
Spanish in the Americas, 147
Spot va al parque, 30, 50
Strega Nona, 64
El sueño de Fellini, 77
La suma más difícil del mundo, 18
El susurro del lenguaje, 147

T–U
Tamaños, 55
El tapiz de abuela, 57
Tarantino, 99
¡Tarzana!, 28, 112
Tchaikovsky, 135
El teatro, 56
Los techos del mundo, 144
Los tehuelches, 127
Las telarañas de Carlota, 18
Tengo miedo, 40
Teo en el hipermercado, 55
Teo juega en casa, 55
Teo y sus abuelos, 56
El tesoro, 52
Thomas Alva Edison, 142
Through the Eyes of a Child: An Introduction to Children's Literature, 148
Tiburones, 140
¡Tic Tac!, 38
El tiempo y las estaciones, 131
¡Tierra a la vista! Los viajes de Colón, 132
La tierra del sol y la luna, 105
La tierra, nuestro hogar, 129
El tigre y los animales de Asia, 127
La tigresa, 49
Tikki, Tikki, Tembo, 65, 113
Tío Elefante, 16
Tito Tito: Rimas, adivinanzas y juegos infantiles, 87
Tocando, 55
Todas las noches la misma historia, 39
Todo es distinto, 54
Todos los detectives se llaman Flanagan, 42
El topo que quería saber quién se había hecho aquello en su cabeza, 30, 50
Torta de cumpleaños, 41
La tortillería, 113
Los trabajos de Hércules, 70
"Traducción y literatura infantil," 149
Trajes, 140
"Translation: The Relation Between Writer and Translator," 148
Translator's Guide (for the Spanish-English Bilingual), The, 147
Trasto y el mago, 18
Trece casos misteriosos, 42
El tren especial desaparecido y otros relatos, 20
Trenes, 139
Los tres cerditos y otros cuentos, 68
Los tres chivos Malaspulgas, 65, 112
Tres chivos testarudos, 111
Los tres corazones: Leyendas totonacas de la creación, 68
Los tres deseos: un cuento viejo, 54
Los tres lobitos y el cochino feroz, 77
Tres mujeres valientes, 58
Los tres osos, 111
¿Tu mamá es una llama?, 30, 38, 50
Tuck para siempre, 17, 114

Índice de obras

Tutú Marambá, 88
El último en tirarse es un miedoso, 29
Uno arriba, uno abajo, 29
Urano, el planeta inclinado, 129

V–W
Vamos a cazar un oso, 29
Vamos a jugar, 56
Vamos al zoo, Teo, 30, 50
Van Gogh: La manchita amarilla, 134
Velázquez: Un pintor de palacio, 133
El vencedor del mundo invisible: Louis Pasteur, 145
El verano de Aviya, 105
El verano de los animales, 17
El verdadero ladrón, 41, 116
Versos para soñar y jugar-1, 88
Versos para soñar y jugar-2, 88
Versos tradicionales para cebollitas, 69
Viaja por el universo, 128
El viaje de Jenny, 52
El viaje de los pájaros, 30
El viaje de Tintinilla, 58
Viaje por el corazón de la edad media, 137
Viaje por el Egipto de los faraones, 137
Viaje por la China de los emperadores manchúes, 136
Viaje por la Roma de los césares, 137
El viajero incomparable: Charles Darwin, 146
Víctor mira, 48
Víctor oye, 48
Víctor saborea, 49
Víctor toca, 49
La vida en las selvas, las pampas y los Andes: indios de suramérica, 132
La vida secreta de Hubie Hartzel, 79

Villancico Yaucano, 65
El visionario de la anatomía: Andreas Vesalius, 138
La visita de Osito, 40
Las visitas, 100
Visto y no visto, ¿Dónde se esconde el hámster?, 49
Las voces del Everest, 31
Volcanes, 140
Volcanes y terremotos, 141
Volví para mostrarte que podía volar, 99
What's Whole in Whole Language, 148
Willy el tímido, 79
Willy y Hugo, 28, 49

Y–Z
Y domingo, siete, 66
¡Ya viene la policía!, 55
Yo siempre te querré, 17
Yo soy el oso, 16
Yo te curaré, dijo el pequeño oso, 51
Yo voy soñando caminos, 89
Yo, Calígula, 146
Yo, Eric el rojo, 146
Yo, Galileo, 146
Yo, Juan de Pareja, 21
Yo, Magallanes, 146
Yo, Nefertiti, 146
Yo, Robinsón Sánchez, habiendo naufragado, 20
Zapatones, 58
La zarigüeya y el gran creador de [sic] fuego: Leyenda mexicana, 68, 116
Zepelín, 80
Zoo loco, 41, 88
Zoológico, 38

Índice de sujetos

◆

A
"Adivina quién soy," juego de, 15
álbum colectivo de poesía, proponga realizar un, 86
el alfabeto como descifrado de símbolos, 44
aliteración, definición de, 35
alusión, función de, 35
América Ayer y Hoy (Cultural, S.A. de Ediciones), 138–139
análisis de una obra únicamente si ésto aumenta el disfrute de su lectura, 14
los animales
    a imitar movimientos de, 86
    como personajes abusa de este recurso, 12
    Los libros que tratan de la vida de, 118
    personajes en la literatura infantil de, 11–12
    realismo de, 95
    reto del realismo, el, 33
Antropología: *véase* cultural, tradición, culturales, culturas
el antropomorfismo, 84
el arte
    bizantino, 143
    calidad de una verdadera obra de, 84
    de las tarjetas de cumpleaños y navidad, 84
    libro de imágenes es la puerta por donde el niño entra al mundo del, 45
    rupestre prehistórico, 144
¡Así Soy Yo!, 54
asonancia, definición de, 35
astrónomo, Guía del joven, 129
la aventura
    ambiente simbólico tiene que ver con un mensaje concreto de, 25
    distinta cada semana sin sufrir modificaciones en la personalidad, 11
    entrar y salir transformado, un libro sin esta relación defraudara a su lector, 10
    novela de, 94
    se acompañan ahora de la ciencia y las tecnologías, 74
    un más sin que esto afecte la unidad de la obra, 95

B
Bettelheim, Bruno, 73

Índice de sujetos

Bibliografía para los adultos, 147–149
Biblioteca del Universo (Ediciones S.M.), 128–129
Biblioteca Interactiva/Mundo Maravilloso (Ediciones S.M.), 128
Biblioteca Visual Altea (Altea), 129–131
Biblioteca Visual Altea (Santillana, S.A.), 139–140
la Biografía, 121–122
    de un mismo héroe nacional, comparación de, 123
las Biografías para Niños, 140–141
las biografías pobres, 121–122

C–D

las canciones
    de cuna, 84
    folklóricas que fueron populares durante un periódico histórico específico, 103
características literarias de la narración de misterio, 94–95
el carácter
    arbitrario del signo lingüístico, 43
    reaccionario y sexista de la novela rosa, 92
Carolrhoda Nature Watch Books (Carolrhoda), 131
chicana, la experiencia, 109
"chicano," el español, 108–109
la ciencia ficción, 74–75
    definición de, 74
    mala calidad los personajes están comprometidos con el proceso científico, 74
    tiempo y sus alteraciones es tema recurrente, 74
científico, el método ofrecer al niño cierta orientación, 119
Colección Así Vivimos (Ediciones Ekaré–Banco del Libro), 59–60
Colección Atlas del Saber (Editorial Sigmar), 141
Colecciones Temáticas, 18–19, 40, 54–56, 59, 116–117, 124–128
Colección Peque-Libros (Grafalco, S.A.), 54
Colección Recreo (Grafalco, S.A.), 54
colores, al placer del juego visual de las formas y, 46
Cómo Son (Sistemas Técnicos de Edición), 125
conflictos, tipos de, 13
connotación, definición de, 34
contenidos de la obra, no examine al joven lector sobre, 15
creencias populares de las distintas culturas, 62
el cuento fantástico
    como traducciones de un realidad fantástica del joven, 71
    primera condición de, 71
los cuentos de hadas, 72–74
    lista de funciones de, 72–73
    personajes no se muestran en gran espesor, 11
    valor de personajes en, 11
    falta de ambivalencia ayuda al lector joven a comprender el cuento, 73
Cuentos del Pastor (Mondadori España), 18–19

cultural
	consenso de, 62
	tradición, 84
	la vida de distintas épocas, 101
culturales
	ajustes necesarios de traductor al español, 108
	ciertos resentimientos, 109
las culturas
	cambios en, 63
	de los hombres, mundo de los libros abrir las puertas de, 23
	diferentes, uno de los temas más candentes suele ser la traducción a introducir, 107
	expresión de ciertas ideas universales que surgen en todas, 61
	herederos de, 63
	nos asimilarmos de una forma placentera, 6
	otros necesario que el lector conozca, 35
	prehispánicas, mitos sobre el origen del hombre en, 62
	requieren a describir la acción de manera que su lector comprenda la narración, 33
un desenlace que lo deje satisfecho la trama llegue, 14
el didactismo
	en literatura para niños y jóvenes, 36
	evite novelas históricas que insisten en el adoctrinamiento político, 102
	siempre evite la propaganda en los libros de conocimientos, 120
discutir los libros, 8

E

egocentrismo propio de la temprana edad, 11
ejemplo, actuar con el, 8
el entorno
	como una función simbólica, 24–25
	conjunto de tiempo y espacio, 23
	consecuencia de, 24
	importancia en obra literaria, 22
	tiempo como un elemento de, 24
enseñar el arte de leer, 7
el estilo, 34
	como parte esencial del sentido es muy importante, 119–120
	de lectura en voz alta debe conformarse a su propia personalidad, 37
	directo, 61
	elemento constitutivo de la obra literaria, 36
	entendemos por cuento fantástico el que por su temática por su, 71
	flácido, se "castellanizar" con un, 107
	importancia en obra literaria, 22
	literario, 2
	para niños y jóvenes, dos problemas principales de, 36

Índice de sujetos

    pueden variar, 47
    que la define como una obra, 45
Exploremos (Editorial Luis Vives), 131
Explorer (Ediciones Larousse), 141

F
la fábula, 61-62
    como narración sobre animales con objetivo didáctico, 61
    historia por ejemplo a manera de una, 83
    valor limitado para la educación artística, 61
la fantasía, 71-75
    bibliografía para los adolescentes, 80-81
    bibliografía para los lectores intermedios, 78-79
    bibliografía para los más pequeños, 76-78
    entre más joven es el lector requiere más , 122
    literatura para jóvenes ¿Genios o explotadores de la miseria humana?, 75
Ficción por fórmula, 92
flashback, el recurso narrativo del, 12-13
folklóricas, seleccione de canciones, 103
Foster, David William, 110

G
"gancho" al final del capítulo como patrón de la trama, 14
Gente de Ayer y Hoy (Ediciones S.M.), 141-142
geografía, lugares del relato fantástico van más allá de los mapas que aprende en la, 24
Gran Encuentro
    1989 (Ediciones S.M.), 131-132
    1990 (Ediciones S.M.), 132
Grandes Pintores para Niños (Ediciones B), 133

H
héroe como personaje, 12
Hipérbole, 35
hiperrealismo, 46
la historia
    aspecto literario de, 101
    ciencia que estudia la actividad humana a través del tiempo, 101
    dinámica de la exige un acuerdo relativo en las imágenes que evocan las palabras, 85
    el interés no se reduce al conocimiento de las grandes hazañas de, 121
    no es válido es construir sentimental y exagerada, 122
    novela, 101
    palabra ayuda a analizar y la ilustración integra ofrece impresiones completas, 43
    por ejemplo, 83
    punto de vista se refiere al lugar desde el cual el autor decide contar, 32

tarea perpetua de mantener separadas su existencia interna y su realidad externa, 4
Una Historia Argentina (Libros del Quirquincho), 133
La Historia del Hombre (Ediciones S.M.), 133
La Historia de los Hombres (Editorial Luis Vives), 142
las historias
    evite con temas poco originales, triviales o lugares comunes, 25
    el punto de vista objetivo o dramático en, 33
    deportivas, 95
    simulan rompecabezas y juegos de inteligencia y astucia, 94
Los Hombres Famosos (Ediciones Toray), 142–143

I–J

las ideas universales que surgen en todas las culturas, la expresión de ciertas, 61
la ilustración
    como un elemento de especial importancia en el libro infantil, 43
    definición de, 45
    importancia de realista en libros por pequeño lector, 46
    peligro de una mala, el, 45
la imaginación, estimular el ejercicio de, 8
"implícitos," los temas, 22
industrial, la edad, 142
Instituto Nacional de Estudios Históricos de la Revolución Mexicana, 140–141
inventario de intereses a los niños/adolescentes, suministrar un, 26–27
"investigación bibliográfica," 120
Jardín de los Pintores (Grupo Anaya), 134
"Juan Pirulero," juego de, 63
juegos de los niños más pequeños forman parte de la tradición cultural infantil, 84

L

lección o moraleja de los que lee no lo obligue el joven a que extraiga, 15
lectura en voz alta, recomendaciones por, 37
lenguaje de las obras, tome en cuenta la originalidad, riqueza y fuerza expresivo del, 25
las leyendas, 62
Leyendes del Mundo (Troll Associates), 116
un libro activo, ilustración sinónima de, 45
libro de canciones, utilización de, 46
el libro de conocimientos, 118–123
    Colecciones Temáticas, (Consejo Nacional para la Cultura y las Artes/Pang....), 138
    Colecciones Temáticas, (Coquena Grupo Editor), 126–127
    Colecciones Temáticas, (Editorial Everest), 127, 128
    Colecciones Temáticas, (Holiday House), 124
    Colecciones Temáticas, (Plaza & Janés Editores), 125
    objetivo de, 118
    Serie: América Ayer y Hoy (Cultural, S.A. de Ediciones), 138–139

Índice de sujetos

    Serie: Biblioteca del Universo (Ediciones S.M.), 128
    Serie: Biblioteca Interactiva/Mundo Maravilloso (Ediciones S.M.), 128
    Serie: Biblioteca Visual Altea (Altea), 129–131
    Serie: Biblioteca Visual Altea (Santillana, S.A.), 139–140
    Serie: Biografías para Niños (Instituto Nacional de Estudios Históricos...), 140–141
    Serie: Carolrhoda Nature Watch Books (Carolrhoda), 131
    Serie: Colección Atlas del Saber (Editorial Sigmar), 141
    Serie: Cómo Son (Sistemas Técnicos de Edición), 125
    Serie: El Gran Encuentro 1989 (Ediciones S.M.), 131–132
    Serie: El Gran Encuentro 1990 (Ediciones S.M.), 132
    Serie: El Jardín de los Pintores (Grupo Anaya), 134
    Serie: El Patrimonio de la Humanidad (Incafo S.A. Ediciones S.M.), 143–145
    Serie: El Túnel del Tiempo (Grupo Anaya), 145
    Serie: Exploremos (Editorial Luis Vives), 131
    Serie: Explorer (Ediciones Larousse), 141
    Serie: Gente de Ayer y Hoy (Ediciones S.M.), 141–142
    Serie: Grandes Pintores para Niños (Ediciones B), 133
    Serie: Historia de los Hombres (Editorial Luis Vives), 142
    Serie: Historia del Hombre (Ediciones S.M.), 133
    Serie: Hombres Famosos (Ediciones Toray), 142–143
    Serie: Mundo Asombrosos (Editorial Bruño), 134–135
    Serie: Niños famosos (Ediciones Omega), 135
    Serie: Nuestro Planeta en Peligro (Lerner), 135
    Serie: Pata a Pata (Ediciones Milán), 135
    Serie: Una Historia Argentina (Libros del Quirquincho), 133
    Serie: Ventana al Mundo (Plaza Joven), 136
    Serie: Viaje a través de la Historia del Mundo (Plaza Joven), 136–137
    Serie: Viajeros del Conocimiento (Consejo Nacional para la Cultura y...), 145–146
    Serie: Yo, Memorias (Grupo Anaya), 146
    Serie: ¿Qué sabemos sobre...? (Ediciones S.M.), 135–136
el libro de imágenes
    como la puerta donde el niño entra al mundo del arte, 45
    permiten "leer" palabras-e-imágenes en conjunto, 45
    sin texto, función de, 46
el libro didáctico, 22–23
el libro ilustrado, 43–46
    Serie: Colección Así Vivimos (Ediciones Ekaré-Banco del Libro), 59
    Serie: Colección Peque=Libros (Grafalco, S.A.), 54
    Serie: Colección Recreo (Grafalco, S.A.), 54
    Serie: Libros de Concepto (Santillana), 54–55
    Serie: Luz y Sonidos Mágicos (Editorial Molino), 55
    Serie: Primeras Imágenes (Editorial Sigmar), 55
    Serie: Teo Descubre el Mundo (Editorial Timun Mas), 55–56
    Serie: ¡Así Soy Yo! (Dutton), 54

el libro infantil
> deben ser fuentes de placer y nunca deben emplearse para reformar actitudes, 1
> ilustrado se ofrecen dos historias simultáneamente, visual y verbal, 44
> razón de la ilustración en, 46

los libros
> abrir las puertas al mundo de la cultura de los hombres, 23
> criterio por selección, 1-2, 5
> de texto escolar no son literatura, 44
> importancia que la imagen y el texto estén armónicamente integrados, 46

Los Libros de Concepto (Santillana), 54-55
Los Libros de Víctor y Cía (Ediciones S.M.), 19

la literatura
> infinitos mundos internos puestos al servicio de realidades externas, 5
> como reconciliación entre el placer individual y la ley social, 4
> la noción data del siglo XVIII, 4
> realista, biografía como, 121

la literatura infantil y juvenil
> aprender de leer para el propio placer y deleite del lector, 5
> conocer la 7
> experiencia amena e vital para los lectores de todas las edades, 1
> para conocer, deben aprender a separar, recortar, subrayar, abstraer, 5

la literatura tradicional
> bibliografía para los adolescentes, 69-70
> bibliografía para los lectores intermedios, 66-69
> bibliografía para los más pequeños, 64-65
> temas universales de, 61

Luz y Sonidos Mágico (Editorial Molino), 55

M

la metáfora
> definición y función de, 34
> imagen como un introducción al niño al uso de la, 43

el método científico, 119
misterio y terror, 93-94
los mitos, 62
> como historias que pretenden ser modelos de comportamiento social, 62
> como una experiencia catártica, 62
> se originan en las creencias populares de las distintas culturas, 62

modelo basado en características literarias y artísticas en cada capítulo, 2
mundo de la imagen es intemporal, 43
Mundos Asombrosos (Editorial Bruño), 134-135

N

narraciones prefiera con un hábil manejo de las secuencias temporales, 25
la naturaleza
> cuando el escritor no deforme en aras de la narración, 119
> de sus acciones de los personajes demuestren su personalidad, 10

Índice de sujetos

    del hombre, tema sobre, 22
    los mitos explican las relaciones del hombre con el hombre, con, 62
    sobrenatural, 62
    sonido de la, 35
    y sus fenómenos juegan el papel de antagonistas, 24
neoexpresionismo, 46
Niños Famosos (Ediciones Omega), 135
los niños más pequeños, antes de la fecha de su nacimiento muy lejano por, 102
la novela deportiva, 95
la novela histórica, 101–103
    bibliografía para los adolescentes, 105–106
    bibliografía para los lectores intermedios, 104–105
    bibliografía para los más pequeños, 104
la novela rosa, 92–93
    falso realismo de, 92
    como resultado de ciertas fórmulas muestra patrones muy similares en la trama, 93
    la trama de, 95
las novelas realistas, definición de buenas para adolescentes, 2
Nuestro Planeta en Peligro (Lerner), 116–117, 135

O

objetivo esencial de este libro, 1
obra literaria
    como juego, 4
    estrategia y importancia de, 6
    riqueza en las múltiples posibilidades que tiene de ofrecer temas distintos, 23
obras que no reflejen los intereses y las preferencias de los niños, selección de, 7
onomatopeyas, definición de, 35–36
Osito serie (Santillana), 40

P

Pata a Pata (Ediciones Milán), 135
Patrimonio de la Humanidad (Incafo S.A. Ediciones S.M.), 143–145
el personaje, 9–12
    características del estereotipo, 10
    como personificación de un principio, 9
    contra la naturaleza como tipo de conflicto, 13
    contra la sociedad como tipo de conflicto, 13
    diferentes tipos de, 9
    dinámico, 10–11
    estáticos, no cambian su personalidad en el transcurso de la historia, 11
    transformado de una aventura, 10
    y otro, desarrolla entre como tipo de conflicto, 13
el personaje y la trama, 16–21
    bibliografía para los adolescentes, 19–21
    bibliografía para los lectores intermedios, 17–18

bibliografía para los más pequeños, 16–17
serie: Cuentos del Pastor (Mondadori España), 18–19
serie: Los Libros de Víctor y Cía (Ediciones S.M.), 19
los personajes
    busque obras con una adecuada construcción de, 25
    debe provocar o ser consecuente con la acción, 10
    deben ser verosímiles, 10
    estáticos son aquellos que no cambian en el transcurso de la historia, 11
    falta de ambivalencia en cuentos de hadas de, la, 73
    pueden tener diferentes funciones y distintos niveles de importancia, 10
    y la acción, relación entre el ambos pueden resultar afectados, 10
la poesía, 82–86
    antididáctica y antimoralizante, para encantar a los jóvenes ésta tiene que ser, 83
    bibliografía para los adolescentes, 89–90
    bibliografía para los lectores intermedios, 87–88
    bibliografía para los más pequeños, 87
    dramáticos, 83
    épicos, 83
    imagen se acerca más a, 43
    lírica escrita para niños es frecuentemente ramplona y artificial, 84
    líricos o subjetivos, 83
    poder principalmente en que amplifica la capacidad del lenguaje, 82
    puede girar en torno a un sentimiento o a una imagen sin llegar a terminar, 85
    sonoridad de, 84
    temas muy diversos de, 83
Primeras Imágenes (Editorial Sigmar), 55
Prometeo, el mito de, 118
protagonista, 9
el punto de vista, 32–33
    de la primera persona dificultad para los niños más pequeños, 33
    definición en literatura de, 32
    en los cuentos fantásticos, 33
    en primera persona, 32
    lugar desde el cual el autor decide contar su historia, 32
    más auténtica, 33
    objetivo, 33
    omnisciente, 32–33
    por realismo animal objetivo o dramático, 33
el punto de vista, el estilo y el tono
    bibliografía para los adolescentes, 42
    bibliografía para los lectores intermedios, 40–41
    bibliografía para los más pequeños, 38–39
    Serie: Osito serie (Santillana), 38–39

Q–R
¿Qué sabemos sobre...? (Ediciones S.M.), 135–136

Índice de sujetos

    el realismo, 91–96
        animal, 95
        bibliografía para los adolescentes, 98–100
        bibliografía para los lectores intermedios, 98
        bibliografía para los más pequeños, 97
        falso: *véase* novela rosa
        ficción por fórmula como un subgénero de, 92
        histórico, 101
        personajes afrontan los problemas contemporáneos, 95
        traducción a sus interrogantes personales y a sus actividades sociales, 91
realista, en la narración, 91
retóricas, las formas, 36
rima, función de, 35

S

el sensacionalismo como patrón de la trama que debe evitarse, 14
símbolo, definición de, 35
Sonoridad, 35–36
    del lenguaje, las formas de, 36
    de la poesía engendra sensualidad, 84
suspenso como patrón de la trama, 13

T

televisión, series y caricaturas de la, 13
el tema y el entorno, 22–25
    bibliografía para los adolescentes, 31
    bibliografía para los lectores intermedios, 30
    bibliografía para los más pequeños, 28–29
los temas, 22–23
    de discusión identificación por cada capítulo, 2
    "implícitos," 22
    moralizantes o didácticos o que muestren poco manejo del tiempo evite siempre, 25
    tipos de, 22
la tensión de vincular su realidad subjetiva con la realidad del mundo social, 4
Teo Descubre el Mundo (Editorial Timun Mas), 55–56
términos de origen precolombino, 108
terror como patrón de la trama, 13
textos moralizantes, el problema con, 36
el tono
    de suspenso, 94
    de voz, en la vida real los niños y los jóvenes identifican la personalidad de su, 9
    definición de, 34
    en toda literatura infantil y juvenil es importante, 120
la tradición cultural infantil, juegos de los niños más pequeños forman parte de, 84
las traducciones, 107–110

bibliografía para los adolescentes, 117
bibliografía para los lectores intermedios, 114–116
bibliografía para los más pequeños, 111–114
diferencia entre el español de Hispanoamérica y el de España, 108
errores en el significado cultural, 108
falsas analogías o equivalencias, 108
problemas con español chicano, 108–109
problemas con, 107–108
Serie: Leyendes del Mundo (Troll Associates), 116
Serie: Nuestro Planeta en Peligro (Lerner), 116–117
la trama, 12–14, 22
    carga con el peso principal de la novela, 94
    completas y lazos afectuosos son indispensable, 122
    criminal, 94
    de la novela rosa, 95
    emocionante, 102
    importante en la literatura infantil, 12
    importancia en obra literaria, 22
    patrones de, 13–14
la transvanguardia, 46
El Tratado de Guadalupe Hidalgo, 109
El Túnel del Tiempo (Grupo Anaya), 145

V–Y

Ventana al Mundo (Plaza Joven), 136
Viaje a través de la Historia del Mundo (Plaza Joven), 136–137
Viajeros del Conocimiento (Consejo Nacional para la Cultura y las Artes), 145–146
vida afectiva y estética de los alumnos, resaltar la, 8
Yo, Memorias (Grupo Anaya), 146